戦国甲冑うらばなし

井伊達夫著

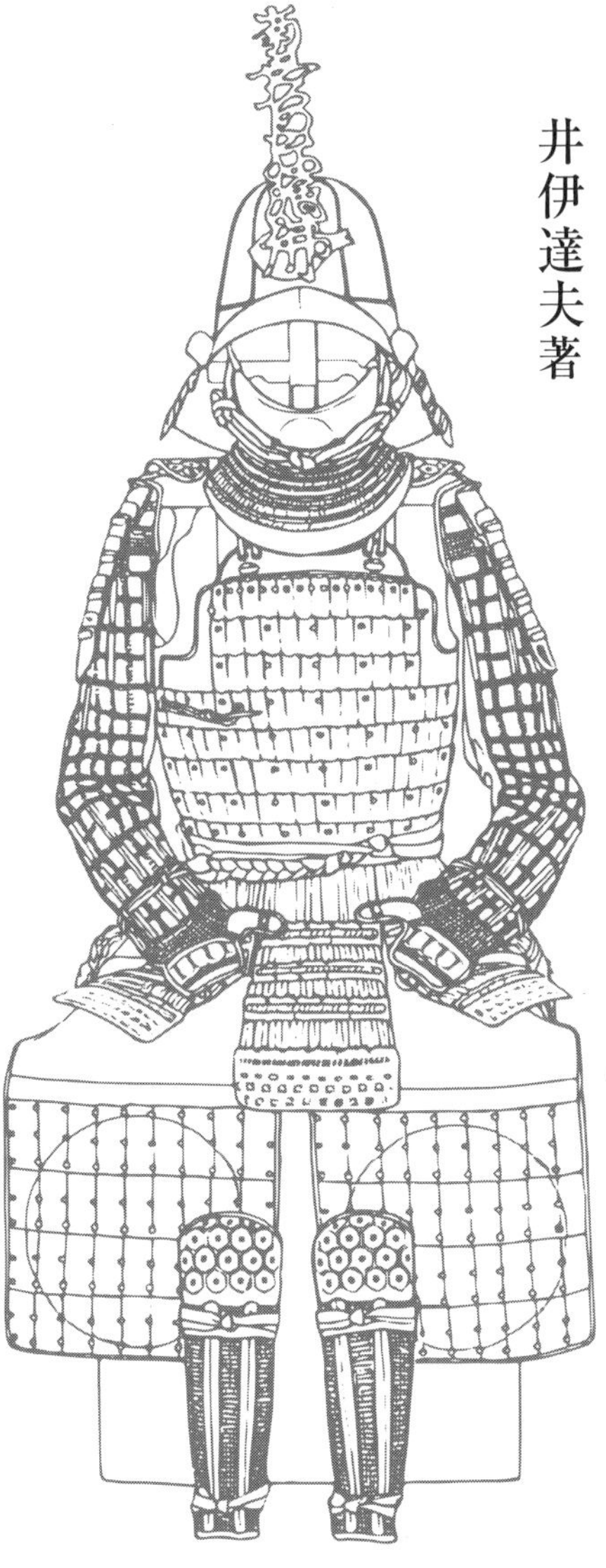

甲冑同考会

はじめに

古い甲冑に対する疑問は小学校の四、五年くらいから抱きはじめていた。歴史図書に紹介されている鎧兜のさまざまな形態を見ることは、モノクロながら当時の私にとって無上のよろこびであった。それらには大抵立派な伝来や有名着用者の由緒が記されてあった。曰く八幡太郎源義家、義経、織田信長……。詳しい歴史知識はなくても、「ホンマかいな？」とまず思った。いかなる理由でそのようになっているのか。素朴な疑問である。

大人になってから、それらのほとんどは単なる伝承、伝説であって、いわば勝手にそういっているだけだということを知った。「世間虚仮《せけんこけ》」を経験した第一ステップである。

当時は現在のような甲冑マニアや歴女などといわれる人々も表へあらわれることもなく、ほんの一部の嗜好にすぎない限られた趣味の世界の事柄であったから、それ以上に詳しい詮索もできぬまま、多忙に紛れて年齢《とし》をとった。しかし、年はとっても甲冑についてのあらゆる意味での執着が年々衰えることがない。

かつては、ヨロイ・カブトに関わる人生が送れるということ自体、自身では考えられなかった。ところが、それがおよそ叶えられた現状をみると、ただ天命、冥加《みょうが》に感謝するばかりである。かくなる上は、ただ好きでやってきた道をさらに究めることはもちろんながら、何か天道《てんとう》様に御返しできはしないかと考えた。

その頃、同好の人々何人かからしばしばこんな話を聞いた。

——近頃、研究家と称するいい加減な連中が、甲冑が戦場で使われている状況をまるで実見したかのように言ったり、勝手に製作地や時代を断定したりしている。

——甲冑と歴史を本当の意味でわかっている人がいない。だから贋物偽作が横行している。いつの間にか有名着用者のものにされて、それが真実のように宣伝されている。

たしかにその通りで、まるで元亀・永禄の戦場で着用されている状況を現地ルポしてきたかの如くに説明し、傷んだ兜の古傷（本当はその戦闘によるとは限らない）を指して、「敵はこの角度からこう斬りこんでこうなった」「この疵はその時のものである。それに違いない」と断定する。破損して修理された、たとえば鞍の修復部分を生《う》ぶな古作のままのところと間違えて「君、これがこの鞍の見処だよ。よく覚えておきたまえ」などと口髭《くちひげ》があったら捻っているに違いない態度で言う。この人物は素人からみれば専門家ということになっているから始末が悪い。ちなみにこの時の「君」と呼んだ相手は、「見処」とされた部分を修復した人物その人である。

贋物といえば、鉄製の総面や変わり兜、変わり具足等のコピーの横行は目に余るものがある。近頃では、変わり物の鎧を見れば大抵ダメだと思った方がよい。

ところで、先に私は「これまで天道様は鎧や兜に人生のほとんどをかけさせてくれた。何か恩返しを——と思った」と書いた。使い古された陳腐極まる台詞であるが、他にいい表現がない。そして思いついたのは、甲冑についての本道《ほんとう》の話である。ホントのはなしとなると、当然ながらモノの真贋や誤認について触れることになる。理想とするのは真実の裏話である。ヨロイカブトにまつわる隠された真実について、多少でも迫ったことが書けたら目的は達せられたことになる。ああそうだったのか、これで納得できた、と一人でもわかってくれる人がいれば、それは天への恩返しになる。それは幼時に萌した疑問への人生をかけた解答でもある。

しかし、意気壮《さか》んなあまり、義に感じて積極的に書きこんだ所なきにしもあらず。要するに私が「解答」だと思っても、それは単なる思い込み、偏見、あるいはひとつの見方、ただの意見にすぎないと断ずる人もいるだろう。それでいいのである。あくまで、甲冑野人の独言として、寛恕看過していただければ有難い。

平成二十八稔月

夕陽端座心猶壮

井伊達夫

目次

巻頭随論

検分覚知のこと

井伊達夫

一、玩物喪志（はじめに）

「見分きてん　誘はる水も　暫しまて　白きは雪か　泡か桜か」。世に玩物喪志というコトバがある。ある物品に惚れて一生懸命気を入れて、夢中になってしまう。結果、己を見失う。そんなわけだから、もし志という程のものがその人にあるとしても、心の主体をモノにとられてしまってまるでフヌケになってしまうからダメである——というようなことである。有名な言葉だから、わざわざ解説する要もないが、意味としてはそんなところだろう。

この玩物喪志を最も典型的に現前する世界がいわゆる骨董——古美術の世界である。一流の好き者（数寄者ではない）、道の痴《し》れ者でも一度は必ずこの門を潜ってその奥にある伏魔殿に沈潜しなければならない。沈潜まですれば上出来であって、大抵はドボン斉の土左衛門、そこまでである。ハイそれまでヨの方が身の程の救い難さに気づかず倖《しあわ》せで終わる。つまりはとても浦島太郎のような生還は覚束ない。

逆に太郎となって夢がさめると生きて還っても地獄である。気や心、欲得もろもろの思い入れを、くらしのくさぐさと一緒に溜めこんできた玉筺《たまくしげ》をあけてみたら中からパッと白煙――気がつくと周囲の気色は悉《ことごと》く変わり、見るも無惨なおのれの姿――文字通りの「玩物喪志」が現前する。なあに、当たり前のことなんだ。世の中、真物珍品の希品が有り余って所在するわけがない。ガンブツギブツ、二等三等品に入れあげ、夢をみている内が華というものだ。その夢路を辿る迷い道の案内をするのが文字通りいわゆる入門書、ガイドブックの類である。中でも本書のテーマにとりあげた甲冑武具類に係るものについていえば、真面目、本格的なものは皆無とはいえないが、適当でいい加減、調査や考査不足をそのままに、誤謬《ごびゅう》を犯して平然としているものが多い。

二、こけとゆめものがたり

それはなぜかというと、いわゆる「古い人々」が都合よく玩物して得志したと思いこんでいるものを鵜呑みにし、無責任に伝道するモノ書き屋さんがいるからである。彼らはそのモノと善意不知の人々の間に介在して、先人の志の承継者のごとく振る舞っているが、この徒輩がその道を更に誤らせる。御用学者、御都合主義の研究評論家が自称他称を含め多いのはこの世界も同じことである。ヨロイやカブトの歴史にまつわる夢物語、伝来伝承の誕生と放任は絶えることはない。

殊に武具甲冑の遺品に虚仮《こけ》や夢譚《むたん》が甚だしいのは、物件が人と歴史の過程そのものに時代の垢をつけられて今そこにあるものだから、何か史的事実に係る人物――英雄豪傑あるいは著名人の所用所縁に仮託したい誘惑、あるいはされ易い弱味があるからであろう。この仮託というのが「夢とロマン」という虚構である。虚構でもいつの間にか劫を経てしまった化物もある。この化性を百パーセント信じ喜んでいる人々がどれ程夥《おびただ》しい数になるか。

上手く表現できない。はまりの悪いまずい文章である。何やらやたらややこしい言いまわしになったが、実際にややこしい世界のはなしだから、この表現もその雰囲気をはからずも漂わせることになる。簡単にいえば実は一行ですむことである。要するにニセモノも怪しいものも、真物と誤解されているものも世間には山程あるから気をつけなさい、騙されるなということである。本も活字も根本的には信用してはいけないということになる。しかし、こうサラリと書くと至極当たり前で何てことはなくなる。それでは曰く言い難いニュアンスが隠れてしまう。

三、権威の害毒

そんなわけで、ヨロイやカブト類のいろいろ訳有りそうなところを本書では書いてみた。ここには従前から疑問視されていたものは勿論、新たに取り上げて自分なりに正しいと思った解釈を施したものも少なくない。絵画や彫刻、一般的な美術工芸品における価値判断の基準は「美」にある。美は絶対である。ところがこの絶対というのも実は抽象的で言いだしたら厄介で簡単なことではないから、標語を掲げるにとどめるが、その「美」ということに関して言えば、甲冑武具――即ちヨロイやカブトにこれはそのままに通用しない。むしろ甲冑の美は第二義的に扱われている。近頃とくにその傾向が著しい。デフォルメされた変り兜など、鉄製だとその堅牢さが重宝され、醜悪さは一切指摘されることなく、熱狂的に愛好蒐集されている。そして問題なのはその大抵が近年の似せ物、あるいは想像加工品だということだ。これは常時反復継続されているといってよい。

真物をトレースした忠実な復原品ならまだ赦せるが、本歌そのままだと「新物《あらもの》の写し」ということで高く売れないものだから、余計な意匠に誇張が加わって弱い線と脆い形をもった、本当の時代には存在しない卑しい甲冑が生まれる。これが事情をよく知らない一部の外国人に競い買われるようになって、いつの間にか武具の市場には真物が姿をみせなくなってきた。武具におけるグレシャムの法則である。異形の兜、総面などは三、四十年も経つといい時代がついてくる。その上最近の新作は錆付けが大変上手くなって甲冑専門鑑定家を自任するグループの中には簡単にひっかかる人々がいる。新作の総面が看破できず、最高位の指定書を発行しているところもある。これは贋作に正真の認定をして、保証をしていることになるから困ったことである。そしてここで問題にしなければならないのは、作者に偽物を造る意思はなく、あくまで自分の作品を作ったにすぎないのだが、証書が付くことによって贋作になってしまうということだ。古美術商は勿論、同じ武具といっても畑ちがいの刀屋さん達の中にもはまりこむ人が少なくない。この場合、「美」は論外である。こういう状況を先に言ったような写真を中心にした半端な甲冑入門書が更に煽りたてる。

このことは一般の売買による流通品だけではない。神社、仏閣、あるいは公的施設に収容展示されているものにも、怪しい不思議なものが存在し、存在し続けている。知るも知らぬもそこは不可蝕領域である。このアンタッチャブルな世界に果敢に挑戦し、果たせなかった斯界の大先達山上八郎は、その愛すべき型破りの言動が悪意をもって過大に喧伝され、奇行変人の名のもとにその真面目な批判は黙殺された。そのあと、彼の在野批判精神をつぐ甲冑武具研究者は誰一人として出てはいない。

時代のものは時代の約束事をクリアしている。歳月の卒業証書がある。それが読めないとそのものの仕分けは叶わない。表題に検分覚知と書いた。このような熟語はない。見聞覚知が正しいのであるが、要するに監察の意識をもって調べ分けるという意味を与えた。古い伝説、狎《な》れ合い、事勿《ことなか》れ、先輩後輩等の人間関係、もろもろの混沌がわからないものを適当に誤り、更にわからないまま社会に通用させてしまうということは常にあり得る。四海温順波浪静謐であれば、臭いものの蓋はひっくり返ることもなく、ここかしこにある龍宮の権威は保たれるのである。龍宮を現実の天日に曝《さら》してはならぬタブーは守られる。

検分に本気でとりくみ、覚知することはまず難しいことである。甲冑武具という日本の古文化財、古資料に係る貴重品に、浮世で附与された余計な冠や衣裳の間違い、あるいはそうではないかと推定されることを、限られたスペースと時間であれこれ検証、挙示することは至難である。それを関係者や一般の読者に了知してもらうことは不可能に近い。要するに労多く功少なく、勿論酬われるところも期すことはできぬ。得にならぬ仕事である。しかし、この厄介な仕事はいずれ誰かがやらなければならぬことである。誰かが先駆して槍を付けなければならぬ。

四、ウルシの納得

ところで甲冑における美とは何か。

勁直な線をもつ朴強そのものの平安鎌倉前期の大鎧か。またはその末期から南北朝にわたる絢爛たる祭礼風流の大鎧か。何はともあれ、その粋美の極みは大鎧とされている。いずれにせよこの期以降にあらわれる胴丸腹巻——従来の称に従う——等中世の甲冑がヨロイカブト類の美の古典的典型とされている。厳島神社や浅間神社等に宝蔵される大鎧、広告的表現を藉《か》りればたしかに甲冑の美を余すところなく表現している代表ということになる。これらの中世の遺品とされるものは指定物件も少なくない。もう故人になったある甲冑師が某神社にある甲冑について

「あんなもの何が○○か。小札なんか九十パーセント以上新しいものに替わっとる。連中はようわからんから○○なんかに指定しとるがひどいもんよ」

○○というのは指定名称である。

「何じゃかんじゃ言うて権威ふりまわしても、まちがっとるものはまちがっとるのじゃ。たとい皆が承知してもわしゃ認めん。ありゃアまるで明治か江戸の複製よ」

そして彼が次に吐き捨てるように呟いた言葉は記憶から離れない。

「ウルシが承知せん、ウルシがよ」

言っていることは漆の時代のサビがまるで足らない、髹漆《きゅうしつ》施工の時代が若すぎるということである。六百年、七百年も経つとウルシの色肌がモノを言う。時代を証言する。それが前に言っ

た歳月の卒業証書だ。彼はそのかみ審定に係った人々の無知蒙昧《もうまい》が世を誤らせていることに腹を立てて愚痴を言ったのだが、「ウルシが承知せん」というのは私の知る限り彼の生涯における最高の警句名言であった。

たとえば甲冑の代表とされる大鎧の内、著名なものには必ずそのものに具えられた美が典型的に規定・紹介され、更にそれに歴史と有名武将の所用の旨が付加されている。美に対する解釈はおおむね観念的であり、着用所伝はメルヘンである。

紋切型の定型熟語が虚構の中にちりばめられ、肥大化させられた伝承の中で、着用武将は今に蘇る。馬蹄轟《とどろ》かせ、鋭い弓箭《きゅうせん》の音を放つ。まさに思う存分にひろがる空想の芽に、知識は趣味の範囲を出ない文学者や作家が罪な水飼いをする。虚構の嫩葉《わかば》は萌え、真実の樹木を育てる。

次項ではそのようなものの典型的な述話を少し長くなるがとりあげる。

五、寺田透氏「為朝の鎧」をめぐって

伝来の鵜呑みによる的外れの批評——信仰と実証

フランス文学者で文芸批評家でもあった寺田透氏には、日本の仏教や美術に関しても独自の視点をもった記憶すべき評論が多い。優れた知識人であることは今さら私の説明を要しない。

そのひとつに「為朝の鎧」(『文芸』昭和五十二年一月)という日本の甲冑に係る七～八枚程の評論がある。この中に少し心にかかるところがある。

まず織豊時代の甲冑における大袖のない、鎖を編んだ長手袋のような籠手がダラリと垂れ下った(氏の表現による)具足の小さな兜の下にある面具について

「髭など生やした虚仮(こけ)おどかしな頬当などがついているのを見ると、大人気もなく胸がむかついて来る」

私には何故に胸がムカついてくるのかわからない。寺田氏自身もその前に「大人気もなく」と前置詞を置いてくるので、多少幼稚っぽくて気がひけるのであろうが、氏(以下そう称する)が吐き気を催すほどの嫌悪を感じるのは、そこに実質、実体がないと感じるからであろう。あんな何の役にも立たぬ髭をつけ、歯など剥いた脅迫の相を作ってみたところで一体何になるのか——というのは現代人の感覚、視線による唯物的な仮借の無さである。何事にも理論的な数式が立たないと納得できない頭脳だけの秀才らしい余裕の無さを感じる。あの面頬当の内側には女顔のしかし勇気に溢れた若武者があるかもしれない。恐怖に戦《おのの》く虎髭のオッサンの蒼い顔がかくされている場合もある。しかし頬当の外面は何も表情を変えない。怒りの表情を崩さない

変わらざる顔貌が戦陣の場においていかに必要なものであるか。頬当をつけると、これは着装した者でないとわからないが、実に窮屈になるけれど、目の前の世界と隔離された安心感が生まれる。そして生死を一瞬にわかつ実戦の首取りの場では、あの髭面は虚仮おどかしには決して映らないのである。

逆にいえばその姿はもののふの理想の体現だ。仇やおろそかに決して虚仮おどかしなどとはいえない。これがわからない者は敵間いまだ二十間も距《へだた》っていながら必ず腰を抜かす。おのれの反吐《へど》にまみれるのである。

更にこんなくだりがある。

漆で塗固めた紙にすぎない鍬形代りの羊歯（筆者註①、以下同）だの、鹿の角（②）だの、三宝荒神（③）だのを薬袋（やくたい）もなく兜の飾りにつけるやうになったのはこの時代である

①は家康所用という大黒頭巾の兜の羊歯《しだ》（歯朶）の前立のことであろう。
②は本多平八郎（中務）忠勝の鹿角の頭立形式に近い脇立。
③三宝荒神は古頭形兜に被せられる張懸の荒神の顔。上杉家伝来として近年有名になったもの。

①の歯朶は裏白である。常に緑が枯れず、葉が細く繁って栄えるところから慶祝の意をもって正月の鏡餅の飾りなどに用いられた。前立に用いられたのも同様の意味に因る。その素材が金属でなく、紙のような粗弱なもので作られていることは、氏にとって軽侮の対象になるらしい。

②の本多忠勝所用といわれる鹿角の立物も原材は紙である。三宝荒神の象形も紙ないし革で作られてある。本多の鹿角の兜と、上杉の三宝荒神の兜については改めて別の観点から後述しなければならぬが、つまりはこのようなモノを氏は薬袋もないものとし、かかる装飾物を甲冑に施すようになった戦国末桃山ひいては江戸の甲冑の時代を虚仮だとする。薬袋は益体の宛字で、役にも立たぬという意味であることは既に御存知の通り。

氏はこのようなモノを近代科学の常識のみで受け付け処理することしかできないらしい。モノには可視的な科学的実効効果がなければ、それは単にヤクタイもないシロモノにすぎないとする。当然ながらそれらのモノにある精神性は認めない。

たぶん氏は利休の茶のもろもろは認めるだろう。かの有名な朝顔の一会など快心挙手の茶事と称えるだろう。しかし、あれは本音のところ虚仮である。虚仮を以て天下の秀吉を制したのである。利休の天下権力に対抗した心意気の典型だ。意は紙の鹿角と同じところにある。

更にこのことは次のような文章に発展する。

具足の胴を諸肌脱ぎ、片肌脱ぎの胸のやうに造ったりそこに肩から大きな数珠をかけてみせたりする意匠も同じ時代のことで、単に実戦上の必要といふことでは説明のつかないものがそこにはある

ここにもいくつか指摘すべき無知による独断的錯誤がある。

モロハダぬぎ片肌ぬぎの具足胴の形式は時代風俗でありもののふのシャレである。先にも言った心意気でもある。そこに威迫の意もあるが、本音は余裕の振舞いだ。狂気をひそめた遊びである。このところが、アタマでなく、ココロでわからないと、「現代の知識」という唯物的権力が先行して、言っている本人は勝手だが、何せオピニオンリーダーの言うところだから結果として、善意の後人を誤まらせてしまう結果になる。

肩から大きな数珠を斜めにかけるのは、着用者本多平八郎忠勝の甲冑像に因《ちな》んだ現今の想像による創作、演出である。見ての通りである。かのように仮想してロマンを再現しているだけだ。忠勝が戦場で常にこの格好をしていたという保証はない。おのが甲冑像を七、八回も書き直させたという凝り性の男のパフォーマンスである。しかしその底にある精神はそのまま厭離穢土《おんりえど》欣求浄土《ごんぐじょうど》、往生安楽である。信長が愛誦したという「死なうは一定」というフレーズの裡には、そうは言いながらもそのことばの裏におのが生への未練に対する自己説諭の匂いがある。しか

しここにはそんな貴種特有のディレッタンティズムはない。それゆえにこそ当時のもののふの威儀装飾には必ずしも実戦上の実用面を求める必要性はなかったのである。片肌脱ぎの胴や数珠に即物的な実利性を捜し当てて説明することなど求めてはいけない。

強いていえば、それは一種の信仰である。形而上的なもので実証ではない。江戸の幕府が倒され、維新を迎えてようやく信仰は認識を要する実証に取って代わられた。仁王や片肌脱ぎのヨロイの意匠は、理屈の要らない、理不尽で勝手な自己表現が許された古き良き時代の産物である。物事の理解を実証科学といった煩瑣な公式に当てはめなければ前へ進めない我々は、信仰や形而上的思考と訣別したのが実はほんの一世紀と少し前のことであるということを再認識する必要がある。

つまりそこにあるのはストレートな南無阿弥陀佛だけである。書いた人はこれが承諾できないから更に次のようなことを言わなければならない。

しかもそれが例外なしに名のある武将の遺品だといふことになると、多くの場合、足軽たちに比べれば安全なところで、かれらはあんななりをして采配を振ってゐたのかと思はれ、愚かで陰惨な日本の歴史の一節を見せつけられた気にさへなる例外なしに名のある武将の遺品とあるが、これは解説の無批判な請け売りである。歯朶はともかくとして謙信の三宝荒神も本多忠勝の鹿角も片肌脱ぎなども着用者特定の実際的根拠はない。それについては次項で述べるが、仮に彼らのこととして、安全な所で采を採っていたと決めつけてしまっているのはまことに失敬なはなしといわなければならぬ。二〇三高地の総司令部の将官たちでさえいつも安全な場所にいたわけではない。ましていわんや戦国の名将たちに対してこの言たるやである。そして情けなくも愚かで陰惨な日本の歴史の一部がそこに顕現されていると結論する。何が愚かで陰惨なのか。歴史は常に左様である。何をどう飾ったところで人類の歴史は大簡《おおまか》にいえばやはり愚かさの連続のはずだ。だから甲冑を含む武器類の全ては人間たちの争いによる殺戮《さつりく》に備えて常に存在し発展をくり返す。陰惨と愚行は過去の歴史の一節にとどまりはしない。小才子の賢《さか》しらは小は人心を惑わし大は国を誤る。識者は論のための論には欺《だま》されないが。家康や謙信はもとより本多忠勝も、攻守時を心得た兵略の専門家である。最前戦で干戈《かんか》を交えることも、退いて帷幄《いあく》に倚几《いき》する時もある。進退の達人に対して素人がわかった風な偏見でものをいうべきではない。

遠州の胴具足

こういった氏の甲冑における感情的虚仮おどかしの批判は、中世大鎧の典型のひとつである表題の「為朝の鎧」を際立たせるための伏線であるが、それは「小堀遠州所用の胴具足」に至って極まる。

その具足に、力があるとは言へない。造園や建築の大家でもあつたその茶人としての好みさながら、それは一途に凝つてゐて細く、暗く、窮屈である。かういふ風に凝つた窮屈な一面を拭ひきれない洗練と、中身の乏しい虚假おどかしな装飾性、といふと、それはもう江戸文化全体の特質の一つとして僕にいきなり反作用を起させるものを持ち……

この胴具足（わざわざ「胴」という字を足しているのは解せない。なくもがなである）は突盔形《とっぱいなり》の兜を伴った縹糸威本小札《はなだいとおどしほんこざね》の具足である。いつの頃か知らないが、小堀遠州政一の所用とされ、氏も勿論遠州の具足として紹介しているが、遠州は三代将軍家光までの人である。具足はまずその時代までさかのぼらない。作域が一途に凝り暗く窮屈云々《うんぬん》はこの具足を遠州所用品だと固定観念化したうえでの措辞だが、要するにその甲冑の表現は大らかさ明るさに欠け矮小であるとし、それは遠州の茶や造庭の作法と同じく凝ってはいるが、つまらないというわけだ。

遠州の茶の根底は五倫五常、仁義礼智信の徳川朱子学であるから、濶達《かったつ》なところなどあるはずがない。「君父に忠孝を尽し、家々の業を懈怠なく、ことさらに旧友の交をうしなふなかれ」(『書捨文』)がその茶の精神である。この具足のもつ空廻りした装飾性に氏は反作用――嫌悪を催すのだが、その文章的表現はあるいはこの胴具足を評して当たったものとすることができるとしても、物件は肝腎の遠州生存の時代を満足させるものではなく根拠なき伝承を基にしているのであるから、氏の論述そのものが虚仮となる。

所用者を丁寧な考証をせず安易に特定してものを書くと、小説になってしまう。お風呂場談義である。ところが氏のような緻密な論理を明晰に展開することを例とする優れた学者が、活字にしてしまうと、一般大方の読者はこれを信じてしまうより他ないのである。遠州所用というのは多分、その定紋から発しているのであろう。戦国の余燼いまだ収まらぬ寛永前後には、たとえ大名といえどもこのような過剰な装飾性をもった甲冑は用いなかった。同時期のものとして伝世する信頼できる甲冑をみるがよい。とはいってもこれが誰彼にでも判断できることではないから、ムードに惑わされる次第となるわけだ。

小堀遠州政一としてもこのような武道不案内な甲冑がおのれの所用品とされていることは笑止千万なことであろう。甲冑に七宝細工を施すなど以ての外、堕落の極みなのである。このようなチャラチャラした好みは遠州の茶の景色にはないはずだ。もののふの心意気や時代風潮のわからない後代の何者かが遠州所用などという尤もらしい茶の数寄者向きの由来をつけたことは明白である。しかし氏の思索はいわゆる専門的(?)解説書の鵜呑みの範囲を出ない。

この小堀遠州の具足というものは作域の凝った贅の尽くし方だけをみても実は江戸中期以降の産物とみるのが正しい。実正の遠州政一所用の甲冑の実存の態様は、もっと勁直な線をもった質実なものであるはずである。すなわちいかに遠州の茶が利休の精神から変容したものであったとしても、どこかに自己対決の跡がみられるように、その着具にも無用の虚飾を嫌った一息截断の気息が窺えるはずである。

つまり、氏のこの具足に懐《いだ》く嫌悪感は、結果的には皮肉にも衰弱の一途を辿りつづける江戸中期の文化の卑《ひ》さ、時代の閉塞感を見事にいい当ててしまったということになる。そしてさらにこの遠州の具足はいつの間にか遠州自作とされて「為朝の鎧」という表題の主人公の前に生贄《いけにえ》の子羊同然に斬り捨てられる。

遠州作着甲縹色緘胴具足の巧緻など、この(筆者註:為朝の鎧の)脇においたらもう問題ではない

遠州もおのが滅後に甲冑を自作させられ、着用させられ、あまつさえその作域を芸術面において酷評され、被害続きでまことに気の毒である。容赦できないであろう。

「為朝の鎧」

右の題名はここにとりあげた氏の論述のタイトルであることははじめに触れた。しかしここに掲げた為朝の鎧に係る文章の字数はわずかに百四十三文字である。文稿の題目にする以上はそれに係る字数が多くなければならぬという約束はないし、さような野暮を言うつもりもない。しかし以下引用を含めて述べるが、そのこと、つまり為朝の甲冑を結論的に鮮明化するために、変り型の兜や胴そして「遠州の具足」などを貶《けな》し退けるのは、書くことにおいて気随気ままは好き勝手だがいかにもお粗末である。

為朝の鎧というのは厳島神社に鎮西八郎源為朝が奉納したという小桜威の大鎧のことであるが、これについて氏はこう書いている。


これなどおほらかに楽しく（中略）「あらもの」の気持のいい高笑ひまでそこからきこえて来さうな作行きである。大粗目といふ縅し方がよく、これを目がつまつて、堅苦しかつたり小器用に感ぜられたりする重盛や義経の鎧に比べると、他でもないこの大鎧を「かろげに着なし」たその立居振舞ひがなつかしくなりさへする

氏は為朝が奉納したという伝承を軸にしつつ、その所用者を為朝とは断定せずに話を進める

（勿論、氏においての断定は不可能ではある）が、『保元物語』において「かろげに着なし」たという、氏が懐かしく思う対象は為朝その人以外にはない。

ところが、厳島神社に奉納伝世されたこの鎧は為朝所用という史料的証拠がどこにもない。厳島神社は平清盛が安芸守になって以来、平家一門とは縁の深い神社であって、それは平家納経等の確実な伝来資料の存在でも周知されている事実である。いかなる次第でこの大鎧が源氏の為朝奉納とされたのか。このことはしかし深刻に考える程のことではない。要するに後人の作為であると考えるのが正しいであろう。歴史的ヒーローとしての人気は平家ではなく源氏の義家や為朝、そして義経が圧倒的である。平家は悲劇の敦盛くらいである——ということを思うと、この附会の説の誕生は江戸時代であったと考えるのはごく自然の無理のない推測であることがわかるであろう。問題のこの大鎧、果たして着用者は誰かということになると聢《しか》とはわからないというのが正答であるが、あるいは、ひょっとしてと、どうしても誰方かの愛甲になぞらえたいということならば、平家一門の某将とみるのが無難な落ちつかせどころであろう。小桜威というのはやはり都作りの雅びを感じさせる。

右の大鎧に比べられた重盛の鎧というのは同じく厳島神社にある紺糸威大鎧であり、義経のは大山祇《おおやまづみ》神社にある赤糸威胴丸鎧のことである。二領ともその着用者伝来は史実には無縁の伝承の範囲を出ないもので、特に義経云々の方は彼の生存期より後代のものである。ということになると、氏がそのいうところの重盛のを堅苦しい、義経のを小器用というのはその着用者名においていう限り的を得ていない。着用者注文の次第や、時代の好尚によって、鎧というものはその表情を微妙に変えるのである。いずれも「堅牢」「武骨」と「精緻」「優美」という表現をいじめつけた意趣ありの替えことばで、その意図が明白なだけ難癖づけのみみっちさを感じる。

為朝所用という小桜威大鎧の素晴らしさの強調のため、それより格を下げて比較された所用仮託の重盛及び義経の鎧であるが、二領いずれも着用者伝来に依存する必要など全く要しない名品であることは言を俟《ま》たない。

三宝荒神の兜と附属具についての疑問

従来上杉謙信所用とされている三宝荒神の兜に初めて会ったのは、東京の博物館の武具特別展会場であったと思う。四十年近く前のことである。勿論、ガラスケース越しであったが、現物を見た途端噴き出しそうになった。荒神さんは大きな目を剥いて口を開き、朱い舌をやや巻き気味に出している。一見、兜につける装飾とはとても思えない。手のこんだイタズラもの、しかし遊び心十分の愉快な造り物であると思った。左右の面を見ても滑稽さは増せども印象は訂正されなかった。当時これは個人コレクターの所蔵品で、その後に現物を手にとって見る機会を得たが、やはり印象は前と変わらなかった。ガラス越しで見るのと、手にとるのとでは大きな違いがある。思いの変わることを期待していたが、好転しなかった。

そういえば展覧会の図録では、上杉謙信所用と断定してあった。解説担当者は刀剣の専門家で、その人の晩年には刀剣についていろいろ話をさせていただいた人だが、残念ながら甲冑についていては素人に近い鑑識をする方であった。一流博物館の武具担当者なら間違いなかろうという按配《あんばい》である。そんな訳だから担当者に大きな責任はないと催事者側は考えていたのだろうが、従来の説をいわば踏襲転記しただけの解説であったから安易なものであった。以下は私の敢えて試みるこの甲冑に対する伝来製作等の否定的見解である。こういう見方もあるというひとつの例にすぎない。その点御承知いただきたい。

この変り兜には一般にあまり知られていないが実は胴や佩楯《はいだて》、臑当が附属しており、元はその他の部品も揃った皆具の具足であった。物件そのものを見れば、本来は頭形兜《ずなりかぶと》を具した最上胴丸式の具足である。もとは素直な桃山の当世具足であったものを、大改装を施し、別物に仕立てあげたものと思える。これはあくまでひとつの考え方である。甲冑改修の場合、表面の漆仕上げにしばしば叩き塗りという技法を用いた。下地に凹凸を作りその上に漆をかける。その表面は恰《あたか》も手先で叩いたように見えるところから、叩き塗りといわれるのだが、これの荒っぽいのは俗に鬼叩きなどと称し、槍鞘などによく使われている。ダイナミックな力強さを感じさせるが、傷んだヨロイの疵隠しには簡便早急の便法として江戸中~末には多用された。破損した、叩き塗りの具足の漆を剥ぐと本来の姿の平滑な生《う》ぶの漆下地があらわれることがある。生ぶ造りの具足にも全体は勿論裾板等に叩き塗りを施したものがあるが、破損した古具足を再生再利用、あるいは改装する場合に簡易の便法として叩き塗りを採用したものがあることは前記した通りである。

くり返すがこの荒神さんの造り物を載せた具足も土台は古いのであるが、江戸に入ってからのある時期に平滑な塗りであった板物具足全体を荒っぽい叩き塗りに仕上げた。従前から考え書いてくるうちにこの推論は何となく確信的なものになってきた。紅殻《べんがら》塗りのその鬼叩きの肌合いはいかにも兜の立物に相応して、あら神のすさまじさを偲ばせ、改装企画者の図はみごとに当たった。今更説明の要もないが三宝荒神は三宝（仏宝、法宝、僧宝）の守護神である。

しかしその着想は評価したいが、髹漆の技法は拙く野暮ったい。殊に胸や草摺の裾まわりに配した桐や大の字は按配が悪くまるで繊細さを欠き、金具廻り、たとえばとくに胸板の弛緩した線などは謙信盛年期所用とするには程遠い頽廃を感じさせる。謙信時代の胴の胸板は左右の端が垂直に上へあがり、山形が強く、中央は谷底のようにへこまず、水平であるべきである。謙信所用との伝承は歿後間もなく伝説的武将として神に近くなった上杉謙信への信仰と憧憬がさせた業と思えるが、現代これを謙信所用などとそのまま信じている人に私は問いたい。不識庵上杉謙信公はこの程度の人物だったのか――と。

謙信所用と喧伝されてきたこの兜については近年発表になった嘉藤美代子氏の信頼性の高い解説(『仙台藩の具足』平成二十四年、大崎八幡宮刊)がある。同書には当該物件に関する仙台藩の記録が紹介されているが、史料的なもので判断する限り謙信所用を断定するものは何もない。伝世の経歴は上杉家臣由縁の事実を語っているが、それ以上に謙信の会下に参ずるには牽強《けんきょう》に過ぎるきらいがある。嘉藤氏は女性には珍しい地元仙台伊達家にかかわる甲冑について趣味の深い好学の人であるが、氏はこの兜及び胴その他について終わりにこう結んでいる。「……いまだ謙信所用とするには謎の多い具足である」。

ゆらい地生えの人間は地元の歴史上の英雄や関係人物及びそれに係る器物——ヨロイや刀——について狂信的な愛情を抱くことが多く、郷土自慢的感覚で考証を無視したこじつけや附会をやるものである。博物館の学芸員や研究家の中にも勿論この種の人々が執拗に存在する。

伊達家の旧蔵で、もとは上杉家にゆかりのある家臣の家から謙信の遺品として献じられたものであれば「上杉謙信」所用といいたいところだが、嘉藤氏は誘惑を斥《しりぞ》け冷静な視線をもってこれを解説した。この平常心は、実はこの荒神の兜及び附属の胴他の本性を見事に見透しているものと思える。表面仕上げが仮に元からのものであった——とできるだけ好意的に考えても、時代のものとして何かしっくりこない。第一肝腎の荒神さんが、開高健流にいえば「タハ！ オモチロイ」のである。あのような煩雑な立物は戦国の感覚ではない。この一語に尽きるのである。ましてや謙信は何事にても人に嗤《わら》われるような男ではなかった。

この荒神さんの立物は革と紙をもって造形され、古頭形の兜鉢に革紐で綴じつけるようになっているが、前述のごとく生ぶなりのものではない。古兜鉢の頂辺には六曜透しの穴が施されているから本来は兜の上辺には何もなかったはずである。本態は頭形鉢であった上にのちにこくそや煉革を用いて変り兜を造形することは桃山〜江戸前期によく行われているが、普通は取り外しが利かない固定式である。取り外しがきく張懸は古式であると説く某専門家がいたが、これは取り外し自由、革紐綴じの平安の厳星兜《いがぼしかぶと》に附設される鍬形《くわがた》と同じ流れでものを考えている単純な人である。安易な間違いである。張懸の工作物は固定されているのが本式である。取り外し式は異例であり、戦国時代の職方の定石、常識に反している。

というところで、兜と具足を着用した人物は誰なのか、たしかに誰であってもそれでいいのだが、造型されてのちのこの具足はまちがいなく安全な場所に存在しつづけたはずである。真物の謙信のために言っておくが、彼は戦場で常に安全な場所に退避して采《さい》を揮《ふる》っていたわけではない。これを造った後世の謙信ファンのアイデアには喝采を惜しまない。この兜は見るたびに、その時々において、私に未来への希望を抱かせてくれる。こんな奇態な兜を被って本気で戦場に出た有名武将もいたのだと仮想を信じてみる自由である。これを希望といわずして何というのか。

念のため本心を白状すればこの兜は好きである。愉快である。こんな面倒なことを書くのは嫌いではない証拠である。そんな意味合いでもモノの実否は別として、従来とは変わった見方、意見もあってよろしいのではないかと思って一言した。固定した格式が決まっているから批評は許されないというのであれば、天動説の世界である。

本多忠勝の具足及び戎装図について

寺田透氏によって安全な後陣にあって気楽に采を揮っていた将の一人とされたのが本多忠勝（通称の平八郎が識られている）である。小論ながら「為朝の鎧」について誌《しる》すような著名な文学者がとんでもない非礼を書いたものである。

本多忠勝は若年より実戦を経験し、自ら敵を倒して首をとることは当然ながら、生涯五十余度に及ぶ刀戟《とうげき》の修羅場を踏んだにもかかわらず一度の手疵をも負わなかったという。千軍万馬往来の代名詞的武将である。この点で常に重い甲冑を着用しながらたびたび負傷した井伊直政と比較される。忠勝は手軽な具足を用いながら一度も怪我をしなかったのう、というのは主君家康の感嘆詞であって、その「忠勝の着用具足」が寺田氏の指差するところの肩から数珠をかけた鹿の角のヨロイである。この鹿の角が紙で作った虚仮脅しにすぎないもので、こんなものを着て足軽たちを危険にさらしセーフティーなところで数珠をかけて采を揮っていたと氏はいう。実に愚かで陰惨な日本の歴史の裏面を見せつけられたようで、胸がムカつくらしいが、近代西洋において認識された人間の正義と尊厳という、時代と隔絶した今様の既成概念でものを考えると、とんでもない的外れな評史評論になるという見本のような例である。変り兜や数珠をかける異装の理由については既述したのでくどくはいわぬが、物事は時代に添って考えなければならない。

さてこの忠勝の大きな数珠からこの項の本論に入りたい。本多忠勝が具足の肩先から大きな数珠をかけ戦場に赴いたであろうことは、その戎装を描いた画像からも推測されることである。そして一般的にその画像における具足が、現存する具足と同じものだとアバウトに認識されている。しかし画像の着具と現存の具足とは明らかに別物である。

このことは細密に検分する程のこともない安易な誤認であるが、管見ではこれまでこの事実を指摘したものをみない。画像は忠勝の生存中に自ら命じて描かせ、七、八回も描き直させ九度目にやっとOKを出して完成したものという。つまり寿像である。

忠勝が生前におのれのハレの姿を遺すべく画工に奮励執筆させ、建立した領内の寺に納めたもので、このことは明瞭な史実と考えなければならない。しかしその描法に問題があるとして生前説を簡単に斥けているむきがある。俗にいう机上の専門家である。本当に詳しいのならもう少しその領域に入って、読者を納得させるだけの一言二言があればいいのだが、ヨロイの部品や周辺の物品の配置を常識の範囲で説明し、簡単に制作年代や出来のよしあしを論断する。用語のまちがいは平気である。

この画像は前述したごとく忠勝が本多家の子々孫々、またその領民の安寧と繁栄を願ってゆかりの寺へ納めたものである。であるのに、そういう所願から生まれた画の精神を理解しない、否、できない一知半解がどこにでもいて、それが一人前の学者や指導者として罷《まか》り通るから厄介なのである。画像が忠勝死後のものと断定する、いわゆる専門家の説く根拠は顔貌の表現、足の配置等であるが、顔の表情については、鼻が巨《おお》きすぎ、目つきが鋭すぎ、歯を剥き出した口は能面のようで、足は真横に開きすぎて人工的であるからとても生前のものとは思えないという。このような実戦の故実や事跡を知らない肖像評論家の誤りについては後述することにして、一応、画の甲冑を忠勝所用そのものと基本的に考え、遺存する忠勝所用とされる具足との懸隔、相違点を先に記してみる。

まず兜である。鞠《しころ》が現存するものは下段の裾端が一文字であるが、画の方は山道形の切込を設けている。籠手は筏鉄をつないだ小篠籠手であるが、画では瓢箪形のいわゆる小田籠手となっている。佩楯がこれまた筏鉄《いかだがね》を散らした越中佩楯だが、画では板佩楯である。

細密にみれば他にも相違する点があるが、概ねこれだけの相違点をあげるだけで、甲冑そのものは別物であることに、検討の余地はないだろう。これらの点は画家の恣意ではないことははっきりしている。

兜の後背部から取り付けられた黒毛の飾り毛（これは一名黒熊《こぐま》ともいい、いわゆる唐の頭がこれである）が、大きく風に靡《なび》いている。右手に持つ白毛の采がほとんど垂れているのに背後には風がある。これは身体の動的雰囲気をねらった画像上の処理と考えられる。

問題は生前説を安易に否定して像の表情を非現実とするまちがった判断についてである。猛烈な武将は出陣の支度をして、六具に身を固めた瞬間から戦場で敵にまみえたと同様に凄まじい形相になったものである。島左近や黒田長政の逸話にそのような例があるから、カッと剥いた両眼や開いた大きな鼻や口、踏み敷いた足も嘘ではない。

関ヶ原の開戦直前の忠勝の風姿について、北条氏直の旧臣で忠勝のもとにいた老巧の将浜野三河が、故主の姿形《なり》とは全く違って、面《おもて》尖り、両眼の光凄まじく、まともに顔も見られない――と畏怖にみちた述懐をしているのもその前後の事情を証明している。

これらの逸話をみると、甲冑を帯したら戦場同様の表情、気構えをすることが常識となっていたことが窺える。つまり画像における非現実的表情は注文をうけた画家の恣意創作ではなく、その全ては逆に真実に則っていたことがわかるのである。甲冑を着用したらいわゆる「物前《ものまえ》」（臨戦状態）と同じ相貌になったのである。甲冑肖像などを見る場合はこの程度の昔の常識は識っていなければならない。甲冑に係るほんの些細な事柄のようにみえることも少し仔細に考えるとこれほどの誤差が潜んでいるのだ。

現存する本多忠勝の具足についてもう少し補足しておきたい。具足そのものは数領存していたであろう忠勝所用の内の一領であったとすれば否定するものではないけれど、実正は次代の忠政の現役後半の頃の着領とみる方が時代感が合う。天下著名の鹿の角は後代の再造であることは状態をみれば明らかである。勿論獅噛《しかみ》の前立も然《しか》りである。兜鉢そのものも当時のものとすれば、修理して漆は塗り直されているとみなければならぬ。言い出せば次から次へと際限がないことである。

寺田氏の為朝の鎧の話中に出てくる甲冑や戦国武将の事柄について、知見の不足や誤解が大分にあると感じられたので、軽く触れてお終いにするつもりが長くなってしまった。平安末から鎌倉にかけての大鎧を勁直な甲冑の美の極致と強調する余り、時代の降る他の優れた実用性の高い、むしろ士気に溢れた具足や、工芸的に凝った胴甲等を貶し、着用者とされる人物と行動までをも、卑怯者のごとく軽率に論評することは許されない。これは歴史に対する独善であり、立派な冒瀆行為ではないだろうか。寺田氏の一文はその典型を示すもののように私には思えた。公平を欠いたおのれの恣意によって伝説を造り羽翅を生やさせてはいけない。

氏は「為朝の鎧」において、着用者を断定はしないものの、伝来由緒に依って当初からその鎧を源為朝所用と確定的に認識し、伝説ではない事実であるという前提で、そこへ新興武士のおおどかな荒々しさ、美しさを一方的に結びつけたように思える。遠州の胴具足や鹿角や三宝荒神の兜は、見事に舞台廻しの脇役に利用されたわけである。話の展開は既定のもので、はじめから結論ありきの論述であったとみていい。

仮定や仮想を勝手に進化させると妄想になる。この独りよがりは、ある種文学者の特権かもしれないが、歴史の事物の判断は事情をよく調査した上で、しっかり検分し覚知する必要があろう。好悪の感情による容易な裁定は禁物である。もしも奈良・飛鳥時代の唐風甲冑が伝世して今にあれば、氏はどう言うのであろうか。「為朝の鎧」のごときは田夫野人の粗野そのものを感じさせると諷するのであろうか。返す刀でこう断ずるか。仏像彫刻だけではない、飛鳥の優美は武甲においても美神の存在をまざまざと感知させる、と。

〈付〉国宝指定物件における表記の問題

前項の「為朝の鎧」に関連して、文化財指定名目における表記について従来から問題視されているので少し触れておきたい。こちらの国宝ははじめ「小桜威甲冑」として指定(明治三十二年)されたのを戦後「小桜韋黄返威鎧、兜、大袖付」と改称した名目で新国宝に再指定したという経緯をもつ。ところが、この「小桜《こざくら》韋《がわ》黄《き》返《がえし》」という威毛の表記が問題である。

黄返しというのは染韋《そめかわ》の技法のひとつで、この場合、白地に藍で小桜文をあらわした韋に黄色をかけて染めると、地の白は黄色に、藍の小桜模様は緑に変化する、というものである。これが小桜韋黄返しとよばれるもので、主として染料は黄蘗《きはだ》を用いたものであるが、「黄返し」とはいかにも大和的な表現である。これが平安末の都の高級武家、つまり平氏によって愛好され次第に地方に伝幡していった。現代のファッションの流行と同じことである。当時のもののふにとっては最新の都ぶりをとり入れたヨロイファッションであったわけだ。当時の文化発信の中心地であったのはやはり絶対的に京であり、甲冑も都出来のものがブランドであった。土臭い坂東のあらえびすが発明したわけではないことは、その洗練されたダンディズムからも窺える。むしろその繊細な感覚は関東武士のセンスからみれば頼りない弱々しいものに思えたはずである。八郎為朝のような荒武者ならそのような女々しげな威韋の物の具には一瞥《いちべつ》も与えなかったかもしれない。どう考えても平家一門の遺品と考えるのが妥当なこの大鎧であるが、その小桜韋黄返威鎧の黄返しという国宝指定の表記が怪しいのである。

この点については実見した甲冑師の明珍宗美、及びかねて疑義を抱いていた研究家山上八郎両氏が夙《つと》に唱えていたことで、実正は単なる経年の汚れを当時の審査員が誤って黄返しなどという表記にしてしまったというのだ。いわゆる知ったかぶりの積極ミスというわけで、単に小桜威としておけばよかったのである。ガラス越しで何度か観た私の印象——覚知も両氏と全く同然であった。これと逆の名目誤認による指定品もあることはむかしより前記山上氏他識者によって指摘されているところである。かようなことに限らず、いわゆる専門家がすることであってもそこに往々善意不注意による錯誤が潜んでいることを知る必要がある。

六、見分きてん（結びにかえて）

冒頭にも掲げた「見分きてん――」の歌は幕末の大老井伊直弼の若き日の作品である。文法的な誤りもあり、完成された歌ではないけれども、気持ちはよくわかる。直弼の数多い作品の中でも最も純粋さが感じられる。これは実はある女性との愛情関係の内に成立したものである。女の情態の、実か否かを自然の景色から探ろうとしている。まさに検分覚知の歌である。

しかし男女の「うそ」「まこと」はおよそパターンが決まっている。難しいのは古美術の世界である。甲冑武具におけるそれは更に一段まさっていると思える。虚実、真贋は実はまことに複雑、怪奇で、言語に尽くせない。

一般に古物の社会はいずれも大同小異で、これを古武具古甲冑の限定された物品の世界の事柄にそのまま移しても根本的に相違のないものゆえ、鎧兜のもろもろに係ることの実否についてもあえて断り書きの要はない。つまりこのセクションについて、たとえば先の「為朝の鎧」のごとく作品と着用者の問題、あるいは伝承伝来、時代の適否など真偽の問題に踏み込んで明確に語ろうとすることは、結局、古美術の世界全般にも根強く存在するであろうある種の黙認された言いまわしや解釈に対して詮索の手を入れることになる。必要悪などと取り立てていう程のこともない、それは慣例的に多分に許されてきた。日本古文化の裏面に育まれてきた是非をはっきり問わない保守主義といってもよい。この世界、贋物を明確にニセモノとはいわない粋のつもりの風流がある。そういうモノに対しては「イケナイ」「よく出来ている」「一寸《ちょっと》弱いネ」「お愛想だよ」「二番手」。つまりはめくじら立てない。モノのわからぬ人は揚げ畳に安坐させ、余計な差出口をさせずに、機嫌よくさせておけばいいのだ。ということは、これまで私のここで書いてきたことは野暮な無駄話ということになろうか。なるほど一面的にはその通りかもしれぬ。旧態を墨守し、尊重する人々、左様な気性のむきにはいらざることである。でも、はじめに書いたようにこのような甲冑武具における既成の不慥《ふたし》かな事柄に対し、できるだけ検分し、覚知につとめその再認を促す契機を作ることは必要であろう。それは為朝の鎧の項をみてもらったらよくわかる。取り上げるに典型的な論述なのであえて筆数を費したが、要は「見分きてん」である。ともかく一石を投じることだ。

　たとえその一石がある種の人々には独断な勝手論、一人よがりの的外れなノーコンスローと思われても、軌跡はのこることを信じたい。

第一章 伝来甲冑の真実

はじめに

近年、現実離れしたイケメンキャラの戦国武将を題材にしたゲームソフトなどが流行し、若い女性ファンも増加している。こうした現象の良し悪しはともかくとして、このブームにのった戦国武将とその甲冑に関する書籍は相当の数に上る。

これらの出版物には、従来からの著名なものから初めて知るような甲冑資料も紹介され、明らかに伝来に疑問を感じるものが数多く含まれている。

本書では、これら新旧の戦国武将の甲冑に関して、特に伝来に問題のあるものを取り上げて、その問題点をできるだけ解明したい。このことが専門家の間でも、今日まであえて語られなかったのには、大まかにいって二つの理由がある。①は要するにわからない。自信がない。②はそのゆえにあえてふれないでおく。いわゆる事なかれ主義である。甲冑研究のフィールドは時代を通してかなり広範であり、単なる研究だけで、全てをカバーできるものではない。実際にその物を身銭を切って買い求め、生命をかけてそのものに触れる経験を無量に近いほど経なければ実質はわからないのである。畳の上の水練は通用しない。と、いって筆者だけがその任にふさわしいものだといっているわけではない。ただし、チャレンジする資格はあると自認している。

もともと日本歴史の中で中世から近世へ移り変わる激動の時代、戦国期というのは最も人気の高い時代で、NHKの大河ドラマに取り上げられる頻度を見てもそれは明らかである。何が、それほどまでに人々の心をひきつけるのか。

それは、やはり数多くの戦国武将たちが活躍する物語の面白さに尽きる。そして、その武将たちを描くとき、その着用甲冑があるのとないのとでは、その説得力に天地ほどの開きがある。その武将がどんな人物だったのか着用甲冑からイメージが膨らむからである。

正しい伝来を持つ甲冑が遺存している場合は幸いだが、そうでない場合（むしろ、そのケースのほうがほとんどだが）、まったく関係のない甲冑を有名武将の甲冑とし、伝来を作ってしまう。普通、私たちが目にすることができる甲冑のほとんどは江戸期のものである。そもそも桃山期以前の古い実戦期の甲冑自体、そう残っているものではない。戦国・桃山時代の甲冑とされているものの中で、本当に当代間違いなしといえるものがどれほどあるのか。びっくりするほど、その数は少ないはずである。これがさらに室町・南北朝・鎌倉・平安と時代が上がるとどういう結論になるか……。

一口に戦国時代といっても、正確にはいつからいつまでをさしているのだろうか。これはたぶんに感覚的に使用しているのであって、研究者によって意見が分かれるところである。最も一般的なのは、応仁の乱から大坂冬夏両陣あたりまでとラフに考えてもいいかと思う。この時期の甲冑はと見ると、依然として盛上本小札の毛引威の胴丸と腹巻が主流であり、一部の伝統を重んじる上級武将はいまだに大鎧を使用した。

これらの中世甲冑が、近世的甲冑であるところの当世具足へ変化していく過渡期に、ちょうど戦国期が重なる。札《さね》を横に綴じ、漆で塗り固めた札板を一枚の鉄板に置き換えた、いわゆる最上胴と称されるものは当世具足へ変化していく過渡期の甲冑形姿を代表するものといってい い。

最上胴には本小札の胴丸を鉄板に置き換えた最上胴丸と、本小札の腹巻を鉄板に替えた最上腹巻がある。本小札の札板なら着脱のとき、引き合わせを開くこともできるが、鉄板の最上胴ではこれができないから、四カ所に蝶番を設けて動きやすくし、胴の開閉を可能にしている。蝶番の可動式発想は現代人からみればどうってことのない考え方だが、当時としては革命的な新機軸の発見、発明であった。

胴丸と腹巻の名称が入れ替わっている

この胴丸と腹巻だが、本来の名称が逆転しているのである。名称がなぜか取り違いされ、逆転して現代に至っているということは、ほとんど知られていない。

鎌倉時代までの遺物や絵巻物の絵画資料には、右引き合わせ式の今日でいう胴丸式のものしかなく、戦記物語などの文献資料には腹巻の名称しか出てこない。また、背面引き合わせ式の今日でいうところの腹巻は、南北朝時代以降にしか遺物がなく、絵巻などの絵画資料に描かれるのも南北朝以降である。胴丸（筒丸とも書く）という名称が現れるのも、同じく南北朝以降である。つまり、右引き合わせの胴を腹巻、背中引き合わせの胴を胴丸と呼ぶのが当初の正しい呼び方ということになる。まさに胴丸と腹巻の名称が入れ替わったという結論である。胴丸と腹巻について記述するときは本来の名称が逆転している事実を知っておく必要がある。

なぜ修正できないのか？

昨日や今日取り違えた問題なら訂正も容易だろうが、何百年も間違ったまま呼称していると、正しくはないとわかっていても、それはそれなりに重みがある。明治以降の日本甲冑研究書のほとんどすべて、それと文化庁の指定名称もすべて逆の名称を使用している。

『国史大辞典』、『有識故実大辞典』（鈴木敬三監修）には、編集者鈴木氏の研究成果に基づいた従来とは逆の名称で胴丸と腹巻が記述されている。

したがって、大鎧と胴丸の折衷形式である胴丸鎧と呼ばれてきたものは、腹巻鎧が正しい名称となる。つまり大三島の大山祇神社蔵、国宝赤糸威胴丸鎧は、赤糸威腹巻鎧が正しいということになる。古文献にも腹巻鎧という記載があり、胴丸鎧というのは明治以降の新命名である。これをあえて正しい本来の名称に変更すると、交通信号の赤と青の意味を逆にするようなもので、大変混乱する。

ある機関は従来どおり、またある地域は新呼称というような不徹底なことになれば混乱は必定である。改正したほうがよいと理解しているものの、おいそれとは踏み切れずに問題の先送りになっているのが現状である。しかし混乱が予想されるとか容易ではないという理由で放置できない問題だと大上段に振りかぶるむきもあろうが、そんなに難しく考える必要もないと思う。これも一種の時効と考えるしかない。

それにしても、今まで腹巻と呼んでいたものを胴丸に、胴丸と呼んでいたものを腹巻に間違えるなどということがなぜおきるのであろうか。これは、当世具足という新形式の甲冑が出現してきたため、旧来の胴丸、腹巻を昔具足と呼ぶようになってから起こった間違いであろうとされているが、別の原因があるのではないだろうか。

室町期に入ってから、最も簡略な胴である腹当というものが現れる。腹当は胴の前半のみの軽防御で、ちょうど剣道に使用する胴のようなものである。背面はがら空きで戦闘に使用するには、あまりに危険すぎる。背後から攻撃するなど武士の風上にもおけぬ卑怯な振る舞いである——などという意見は、平和な時代の建前論であって、実際は相手を倒すのに手段は選ばないというのが本音のところである。

腹当というものが結局平時における非常用か雑兵用の足軽胴的な用途にとどまり、戦闘用の甲冑胴とはなりえなかった主な理由がここにあろう。室町期の腹当資料が極端に少ないのは、この辺りに事情がある。

さて腹当だが、左右を伸ばすと、ちょうど背面正中に引き合わせができる通来呼称の腹巻となるから、背割りの胴の名称が胴丸より腹巻のほうが、より適当だと考えられたのではないだろうか。「昔具足」と一括して呼んで、どちらが胴丸で、どちらが腹巻と考えるのが妥当か判断に迷ったとき、このように大箇（おおまか）に考えたのではないだろうか。昔はそういう時代であった。それと、実体物とその名称の関係においては、より大型の胴を胴丸、これよりやや小さい胴を腹巻としたほうが、現実的な名称のように思われる。だから、ただ名称を取り違えたということではなく、それなりの意味のある変更であったということも考えられる。だから、胴丸、腹巻の名称はあえてこれを正す必要はないのではないかとも思う。名称の変化も甲冑変遷の歴史の中で、ひとつの歴史的事実として素直に認め、これをとり入れてゆくほうがゆとりある人間的思考であると思う。科学というものに対するにはこのような優しさ、配慮を忘れてはならない。

織田信長の甲冑

紺糸威胴丸

時代祭の信長上洛行列の信長着用甲冑も、この胴丸がモデルになっているという。このことからも理解されるとおり、甲冑研究の時代としては未発の明治期にすでに信長の甲冑として認識されていたと考えられる。

結論から先に言うと、この胴丸を信長所用とみることは難儀であり時代が足りない。つまり室町後期から安土時代――いわゆる戦国期――の形式に合致するところをみつけられない。胴、大袖はもちろん、兜鉢三具（籠手・臑当・佩楯）といった部分でも当代のものとは思われない。

では、なぜこのような時代不足のものが信長所用の伝来をもって、今なお多くの出版物に掲載され続けているのだろうか。甲冑の研究、あるいは甲冑を愛好する人が現在の日本にどれくらいいるのか正確にはわからないが、少しは甲冑の時代観がわかる人なら信長所用の伝来はお

伝織田信長所用 紺糸威胴丸

明治15年に柏原藩の織田信重が神社に奉納した。明治時代から織田信長所用として知られていた模様であるが、どこをとっても信長時代のところが見当たらない。作期は江戸後期の復古製作である。

かしいと気付いているはずである。この胴丸は明治十五年に柏原藩の織田信重がゆかりの神社に奉納したものである。あちらこちらを放浪したものではない。現在、文化財の指定を受けていて、京都国立博物館に展示されているのをよく見かける。

一般の人たちの感覚からすれば、指定を受け国立博物館に展示され、室町時代後期、織田信長所用とされていれば一〇〇パーセント正しいと思い込んで当然である。博物館の学芸員でも、大抵はこれを信じている。今となっては容易にこれを正せないというのが本当のところだろう。決して悪意はないのであろう。要はわからないのだ。これに対して余計なことは言わぬが花である。保管するとしても〝信長所用〟としたほうが、格好がいいに決まっている。伝来というものが、都合よく利用される典型がここにあると思うがどうだろう。そして、伝来はヨロイと共に二人三脚を続けてゆく。江戸時代に大改修されているなどという半可通《はんかつう》がいるが、一体どこをどうみたらそのようなことがいえるのであろうか。教授御指導を乞いたいものである。

金小札色々威胴丸・大袖

上杉神社にあった金小札色々威胴丸は、信長より上杉謙信に贈られた胴丸として信用に足るものである。胴は民間に流出して、現在文化財に指定されている。この胴丸には本来大袖が一双ついていて、その大袖だけが上杉神社に残されている。

本小札の胴丸としてはまさに室町時代末期、信長時代の感覚の横溢《おういつ》したものである。小札は極限にまで細かくなった奈良小札に金箔を押し、緋、萌黄、白紫で色々威とする。草摺りは細かく分かれた十一間草摺り。兜はおそらく定石どおり総覆輪阿古陀形筋兜であったであろう。

この華やかな胴丸は、実際に信長が着用していたものを謙信に贈ったかのような錯覚を与えるが、実正は新たに製作したものを謙信に贈ったとみるべきである。戦場で抜群の武功を挙げた家臣に、その場で着用している甲冑を与える。与えられた者は、愛用の甲冑を手ずから拝領するわけだから、その感激も一入《ひとしお》のはず。信長が謙信に甲冑を贈ったのは、良好な友好関係を築きたいという計算があったからで、敵対関係にあった武田信玄と戦っている上杉と同盟を結びたい。遠交近攻、敵の敵は味方という兵略である。

これは信長が造らせた贈答用甲冑というわけで、信長所縁の甲冑であることは疑いのない事実だが、信長所用といってしまうのは勇み足というべきか。甲冑の贈答は上下主従関係の場合を除けば新製品であるべきことは常識である。このようなことも一般はもちろん、専門家でさえ知らない人が多いのが現実である。そして、さらに言えばこの手の室町末、桃山の華やかな作域の胴丸や腹巻は、同形同態のものが京や奈良で当時は盛んに作られていた。いわば「高級仕入物」とも言うべきもので、武将にとって太刀や鞍とともに外交用贈答品として貴重な産業物産であった。当時、羽振りのよかった「具足屋」は、このような品を数多く取り揃えて武将たちの要求に応じていたわけで、そのうちどこからか再び謙信の鎧が出てくるかもしれない。

突盔兜鉢

あまり知られていないが、愛知県の某院に伝織田信長所用とされる突盔兜鉢がある。突盔兜とは筋兜の頂部をやや尖った形にしたもので、天辺に穴は開けない（ごく小さい穴が開けられるものも例外的にある）のを通常とする。

眉庇は水平に突き出た形状のもので、出眉庇または天草眉庇と呼ばれる。波形にうねる形のものもあり、某院のはこれである。その内側に眉形にくった内眉庇を設ける。関西地方で見出される例が多く、石山本願寺の衆徒に使用例が多い。室町末期、奈良の甲冑師春田が阿古陀形とともに量産した一形式である。実戦的なもので、時代は室町末期から安土桃山期のものである。間数は六間、𩊱《しころ》は失われている。正面に一本、側面にも大きな角元があり、長大な脇立がそびえる大脇立の兜であったと思われる。家康の重臣、本多忠勝の鹿角の脇立の兜が有名だが、これも突盔である。

信長所用の伝来についてであるが、この兜鉢は天正十年六月、本能寺の焼け跡から信雄が見つけ出し、信長直系の信忠の子、秀信が譲り受け、秀信が岐阜城退去のとき信長家臣であった小林宗祐に贈った由が、収容される木箱の蓋裏に記されている。

兜鉢はまさしく信長時代のもので、某院に伝来している事実も説得力があるが、果たして然るか。モノが粗製にすぎる。箱書がもっともらしすぎる。焼け跡からみつけ出した⁉　ホンマカイナと疑っていい。箱書は江戸期はあるが、江戸時代はこじつけの怪しいものが量産された時代の一である。時代観はあろうが、信長所用の点では難しい。箱書の書体が江戸時代のものであると、即そのまま信じてしまうのも危ないはなしである。兜鉢などは、ちょっとした火事でも跡形もなくなってしまうことを、実際に出火して被害を受けた愛甲家から聞いたことがある。焼け跡の焼け残りがよほど火から離れた所であったか、すぐに避難させたかでないと焼鉢としても残らないものである。織田信雄が見い出し秀信の手を経たなどとは、よくも見事な話ではないか。幸運なことであるが信長に結びつけるのは行きすぎであろう。

今川義元を討ち取った桶狭間の戦いは、織田信長の勇名を全国へ轟かすこととなったが、これは乾坤一擲《けんこんいってき》の挑戦で勝利は確信していなかったはず。歴史に〝もしも〟の議論は慎むべきだが、起こりそうもないことが実際に起こってしまった例が本能寺である。

歴史というものは実際に起きた事実の記録だが、史実の中にも当然起こるべくして生起したことと、起きそうもないことが起こってしまい、その後の歴史の流れを変えてしまったというようなことがある。桶狭間の戦いはまさに後者であり、常識的に判断して今川の大軍に織田が挑戦するなど、あるはずがなかった。そこに今川の油断があったのである。

今川は戦う前に、すでに織田に負けていたかもしれない。のるかそるか決死の織田軍に比べて、勝つに違いないとタカをくくっていた今川軍は、あまりに油断しすぎていた。取り返しのつかぬ過ちを犯していたといえる。信長は今川と相似した過ちを本能寺で犯したのである。

秀吉、家康の甲冑

従来、徳川家ゆかりの某美術館蔵である縹糸威日ノ丸紋丸胴具足は豊臣秀吉の甲冑とされてきた。これに疑問符的見解が出はじめた因は、秀吉馬廻り七騎具足がその胴裏に奈良の甲冑師岩井の名が朱漆で書かれている事実にかんがみ、むしろ徳川家康との関係が深いのではと考えられるに至ったからである。さらにロンドン塔に所蔵されている徳川秀忠より英国王ジェームス一世に贈られた具足も、徳川美術館の日ノ丸紋具足と類似するところが多く、家康所用ではないかとの意見がある。それはそれで非常に面白く興味深い研究ではないだろうか。

しかし、それでもなお心の奥底では納得できない気持ちが残る。家康の甲冑は、その伝来の間違いないと思われるものが数領知られている。徳川美術館蔵、黒毛植具足。久能山東照宮の伊予札黒糸威具足。日光東照宮の南蛮胴具足。これらに共通するイメージは黒々とした質実剛健さである。徳川美術館蔵の縹糸威日ノ丸紋威具足や七騎具足のそれとは、まったく異質な甲冑である。総覆輪阿古陀風の兜や華やかな威毛の七騎具足も含め、上方風の伝統的な流れを汲むこれらの甲冑群が質実剛健を旨とした徳川家関係甲冑と考えるには、なお大きな抵抗を感じる。

徳川の甲冑、それも家康縁りのものとしての考え方は、単なる一説と見たほうが妥当であろう。また、久能山の金陀美は、伝来では家康がまだ今川義元のもとで松平元康と名乗っていたとき、初陣で大高城兵糧入れの具足とされ、徳川歴代将軍家でも非常に大切にされた甲冑である。しかし、いくら初陣の若武者でも全身金陀美の具足では目立ちすぎて、いくら命があっても足りない。本当のところは、もともとただの黒漆仏胴のすごく地味な具足だったと思われる。

今川義元が桶狭間で討たれる前、このような典型的桃山風の当世具足があったとは到底考えられない。信長がまだ無名の小大名に過ぎなかったころ、仮にも一方に将たる者の武装はいまだ本小札の胴丸腹巻が主流であった。このほかに札板を鉄板に置き換えた最上胴はすでに存在していたことは前に書いた。一部の地方では最上胴の威毛を廃し、鋲留などで足掻きをなくした桶側胴などがようやく出始めていた時代である。兜は阿古陀形筋兜が主流であり、このほかに古頭形や突盔兜も出現している。関東では明珍、早乙女に代表される六十二間筋兜や小星兜が、南都春田風のぜい弱な兜に入れ替わり盛んに造られるようになった。今川義元は桶狭間で戦死したとき大鎧を着ていたというから、なおさら日根野頭形兜の仏胴具足とのギャップが大

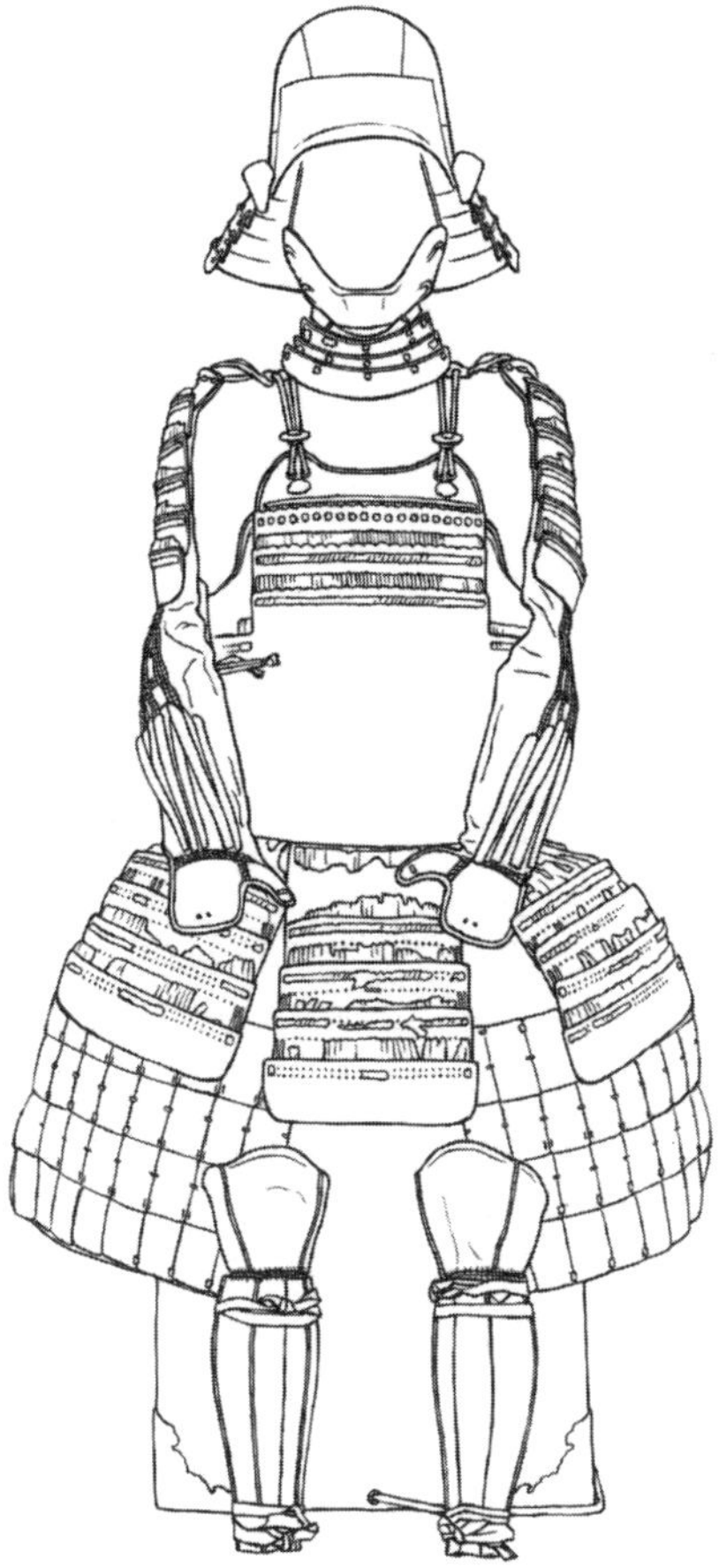

伝徳川家康所用 金陀美塗仏胴胸取具足

桶狭間合戦時、家康（このときは元康）が大高城兵糧入の初陣に着用したという伝来を持つ。しかし、元康時代にしては時代感覚が下りすぎており、家康所用には疑問符がつく。ただし、秀忠くらいの所用と比定すれば無理は感じられない。また金陀美の彩色は家康の好みではなく、神格化されてからの加色とみるのが正しい。

伝豊臣秀吉所用 色々威二枚胴具足

野洲木下家に伝来した具足。袖に設けられた桐紋据金物や佩盾の沢瀉紋金物の意匠が東京某神社蔵、小早川秀秋所用紫糸威具足に共通する。おそらく毛利氏関係のものではないかと想像されるが、はっきりしない。東京某博物館蔵、鉄錆地烏帽子形兜と同様の理由で秀吉所用とは到底考えないのが正眼であろう。

伝小早川秀秋所用 紫糸威具足

名古屋市某館蔵、伝豊臣秀吉所用、色々威二枚胴具足の袖、佩盾とまったく同一の意匠である。毛利氏関係のものと想像できるので、小早川家のものでもよいのではと思われるかもしれないが、慶長7年、秀秋は22歳の若さで没し、小早川家は断絶しているので、当具足では時代がまったく不足する。

きく感じられる。

では、この金陀美塗仏胴具足、常識的にいえば、どれくらいの時代か。文禄・慶長の役から関ヶ原の戦いをはさみ大坂の陣のころ、桃山晩期と考えられ、完全に当世具足完成期のものである。だからといって、この具足の家康所用を完全否定するものではない。桃山時代の貴重な遺品に相違はない。しかも徳川家で特別に大切にした具足で、そのわけをあれこれ考究するのが甲冑愛好家だけに許された楽しみである。

松平元康が初陣の大高城兵糧入れの具足を本作とするならば、黒漆塗りの非常に地味な仕立てであったはずである。金仕立ては後世の神器扱いの結果とみるべきが正しいだろう。

秀吉着用正真とみてよい具足が仙台市博物館にある。これは伊達家に伝来したもので、天正十八(一五九〇)年七月、小田原征伐の後、奥州仕置きに向かった豊臣秀吉を宇都宮で出迎えた伊達政宗が拝領したものと伝えられるものである。

小柄な秀吉の着具を思わせる小形軽量の具足で、胴は伊予札銀箔押白糸威。兜は黒熊毛植、前後に金箔押し軍配の立物を挿す。金具廻りは黒漆に金蒔絵家紋散。いかにも上方桃山期の華やかさが感じられるもので、胴甲などまさにこの時代の衣装の延長線上にある雰囲気をもつ。伝来の確かさとともに工芸的にも優れた甲冑資料ということで重要文化財指定となっている。名古屋市秀吉清正記念館の紫糸腰幭具足などは秀吉所用としてあるが、入念作の高級具足としては認められるものの秀吉時代にまで時代が上げられない。せいぜい江戸中期頃のものである。

【コラム】当世具足

当世具足は鑓の流行と鉄砲の出現が当世具足への変化を促したと一般的に解説されている。確かに鑓の威力は大きい。現代でも「横鑓を入れる」という言葉が使われるが、鑓隊で敵の側面を突くと効果的に陣形を崩すことができた。一点に威力が集中する攻撃武器としては奈良時代、槍の祖型としてすでに鉾というものがあった。

鉾と鑓の違いは、柄の取り付け方の違い。鉾は袋穂に柄の先端部を挿し込む。鑓は柄の中に茎を入れて固定するだけの違いで、長柄の刺突武器として異なるところはない。

しかし、なぜか平安時代のいつごろからか鉾はまったく使用されなくなって、長柄武器は薙刀に取って代わられてしまうのである。その理由は判然としない。「平治物語絵巻」、「蒙古襲来絵巻」、「後三年合戦絵巻」などには、薙刀は数多く描写されるが、鉾や鑓はまったく出てこない。大きな不思議だと言わざるを得ない。

鑓は鎌倉末にその萌芽を見、南北朝時代にはそろそろ汎用化したと考えられる。本格的な流行は室町期に入ってからであろう。平安後期から鎌倉の初期、源平合戦のころの鎧をピークとして札の大きさは徐々に小さくなっていき、室町末期の奈良小札で限界に達する。奈良小札の胴丸や腹巻は鑓の刺突に特に弱かったと思われる。

　ここで、鑓のような強力な武器が使われだしたのに、なぜ防御力の低下を招くような小札の小形化が進んだのかという疑問が起きるが、それは甲冑という防御兵器でも、身につけるものである以上、デザインのファッション性という点も重視されていたと考える以外に説明がつかない。それに軽量化の要求が常にあったと思われる。

　兜の鉢の間数も、時代が下るにしたがって増える傾向が認められ、星兜の星も小さく小形化していき、繊細なものになっていく。兜鉢の構成そのものでいえば、肝心の防御力は必ずしも向上しているとばかりはいえない。

　胴のほうは、本小札物から最上胴や桶側胴のような鉄板物《てついたもの》製へと変化してゆく。胴の表面が平滑な仏胴や南蛮胴は鑓の先端が滑って有利である。逆に本小札や切付札のように鑓留になる胴は、引っかかったところを突き通される危険性が高まり不利となる。でも、すべて仏胴や南蛮胴になったかといえば、そうはならない。本小札毛引胴は槍だまりになると武道好者は警句を発しているが、着用者は手数のこんだ精緻なものを望む。

　鑓の話にもどるが、普通、鑓で一番多いのは平三角鑓といって二等辺三角形を平たくした形の断面のものである。これに対して、鑓の身が長大な大身鑓には、長くてどんな利点があるのかよく聞かれるが、薙刀のように振り回して斬りつけるためだともいう。苦しまぎれにそんなこともあったかもしれないが、本当の理由は鑓の身の元をつかまれないためである。普通の穂先の長さの鑓だと、穂の直後の千段巻きあたりをつかまれたら攻撃に窮してしまう。下手をすると鑓を奪われる可能性すらある。その点、鑓の穂先が長大な大身鑓なら手が切れてしまうから、つかまれる心配がない。

では鉄砲はどうだろう。「無鉄砲」というのは「無茶なことをする」というような意味のとおり、鉄砲を装備する敵に鉄砲なしで戦いを挑む無謀を戒める言葉である。それほどに鉄砲の威力は圧倒的だったといえる。

ただし、当時の鉄砲にも欠点はあった。弾は鉛の球形弾だから、すぐに弾速は衰えて有効射程距離は短い。威迫効果が期待できるのは、せいぜい五〇メートル、有効射程距離は二〇メートル程度である。

それと、もう一つの欠点は射撃速度。一発発射して、次の弾を入れるのに要する時間。単位時間内に何発撃てるかということ。射程距離が短く射撃速度が遅ければ二発目を撃つ前に敵の突入を許してしまう。一発撃って、次の弾込めには以下の手順が必要となる。銃口に口を当てて息を吹き込む。これは前の発射の火薬の燃えかすを取り除くため。次に発射薬を銃口から入れて、弾をカルカで銃身の一番奥まで突き入れる。次に火皿に口薬を入れ、火蓋を閉じる。射撃は火蓋を開け（これを火蓋を切るという）、狙いをつけて引き金を引けば、火縄の先が火皿の上へ落ち、口薬に火が点いて発射薬が爆燃し、弾は銃身より飛び出す。よく訓練された銃手なら一分間に三発程度の射撃が可能だ。

長篠の戦いでは、銃手を三列にして、三段撃ちを実施して、射撃の間隙をなくし、武田方の突撃を粉砕したという。織田、徳川連合軍が鉄砲三〇〇〇丁で三段撃ちをしたといわれているが、実のところはよくわからない。

一列目が撃てば、すかさず二列目と三列目の銃手の間をすり抜けて後退する。そして弾込めを行い、次の射撃準備をする。一列目が下がってくると二列目、三列目は前進し、二列目が撃つ。あとはこれの繰り返しとなり、射撃を間断なく継続することができる。

一方では、そんなにうまくいかないという意見もある。黒色火薬の燃焼による、もうもうたる白煙と大音響。こういう中で落ち着いて弾込めを整斉と行えるか。火皿から飛ぶ火の粉で爆発や暴発事故も発生するだろう。第一、一〇〇〇丁を一斉に撃つ命令など、声はもちろん届かぬから采か指揮棒にたよるほかない。

古式銃研究家が、火縄銃の三段撃ちが実際に可能かどうか実験をやったそうだが、三人三列、九人程度の実験では、事実上の再現とはとてもいえない。昔の人の修練は格別だから、現今の命をかけない技術や思考で常識的に判断して、長篠の合戦の集中一斉攻撃は不可能だったと断言することもまた現代の思い上がりでもある。今をもって単純に昔を判断することは控えるべきである。昔のことは重ねていうが格別である。物理等の実験だけでは説明のできぬ事実がたくさんあるはずである。神技が今はないのだ。

豊臣秀次の甲冑

某美術館に秀次所用という朱塗り、伊予札胴具足があるが、この具足も多くの出版物に写真が載っておなじみの一領である。しかし、これまた秀次の時代までは上がらない。朱塗り伊予胴は、一見桃山の雰囲気であるが、この具足は大阪の刀剣武具商がもっていたものである。胸板に打たれている豊の字を切り抜いた紋鋲は古くない。

問題は、秀次所用の伝来である。これがモノを言ったのではないか。

豊臣秀頼の甲冑

山口の毛利博物館に、毛利秀就が上洛して秀頼に拝謁したときに拝領した、毛利家では朝顔の具足と呼ばれる金箔押緋白糸威童具足がある。また、京都の妙心寺には豊臣棄丸の小形甲冑が二領あるが、幼い子供でも着られないほど小さいもので、玩具鎧とでもいったほうが適当か

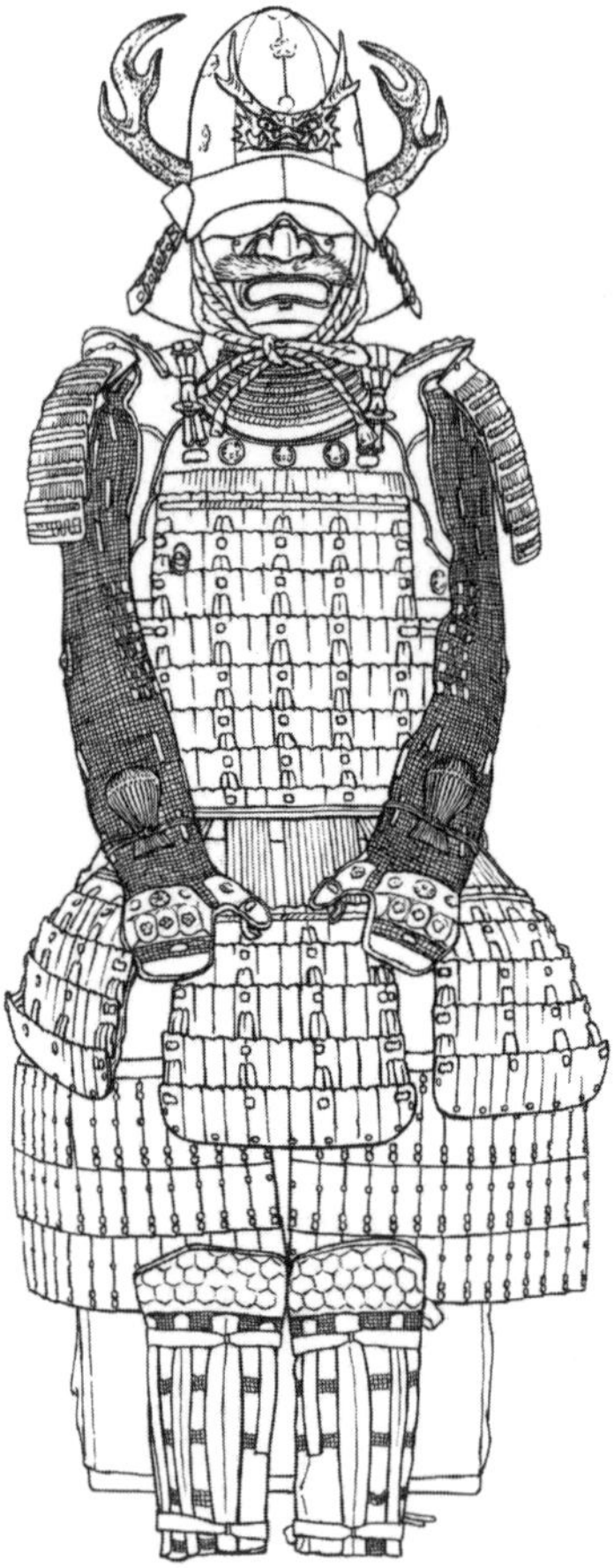

伝豊臣秀次所用 朱漆伊予札紺糸素懸威具足

胸板の「豊」の紋鋲は後補。胴の雰囲気は江戸前期ぐらいか。秀次の時代感には不足する。秀次所用とするには、根拠とするものが何一つない。

もしれない。同じく棄丸所用という馬具のほうは小形ながら使えそうなものである。いずれも時代は桃山晩期、棄丸所用は十分認められる。

それと東京国立博物館に金小札紅糸威中白腹巻があり、伝来では秀頼所用ということになっている。大袖の八双金物と笄《こうがい》金物に桐の紋鋲が打たれていて、その作域の高級さとあいまって秀頼所用も首肯《しゅこう》されるように思われる。威毛は紅と白で、朝顔の具足と類似していて、作期は桃山である。伝来が事実か否かを別として時代というものがある武具の珍しい例である。

真田幸村の甲冑

以前より、といっても戦後のことだが、大阪城天守閣には大坂夏の陣で活躍した大坂方の主将、真田幸村所用として著名な甲冑がある。しかし、残念ながらまったくの江戸期。それも中期ごろまで時代の下がる鉄錆地和製南蛮胴具足である。兜は鉄錆地六十二間のごくありふれた兜で作域は悪くないが、特段述べるべきものではない。幸村所用とする根拠は六文銭の紋によるのであろうが、この紋は真田氏一家のものではない。近頃は幸村の具足の明記を避けている。明晰な判断であり、なかなかできないことである。評価したい。

また、大阪城天守閣には片桐且元の黒熊毛植具足もあるが、これも同様である。大阪城天守閣には、桃山時代と考えてよい具足がほかにもあるが、脇坂安治の本小札丸胴具足は胴が縹、草摺が緋の胴だけだが、いわゆる慶長具足と称してよい美しいものである。それと、丹羽氏次の唐人笠形兜のついた萌黄糸威の具足もいい。他にも目立たぬものでいい甲冑がたくさん蔵されている。

森蘭丸の甲冑

某出版社の『戦国甲冑集』に森蘭丸所用という具足が掲載された。これは、関東の好事家某氏の所蔵で、この人が蘭丸所用の伝来を言い出したものらしい。この具足については修理をした甲冑師の口から依頼者である所蔵先の某氏がいつの間にか蘭丸所用といい出したということが、ある書物に書かれてある。その本の著者はその点からまっ先になって盛んに非難をはじめた。その点でこちらの指摘は遅れをとったといっていい。修理を任された甲冑師は兜を何処からか都合して取り合わせたと書いているがそれはお年寄りの思い違いである。前立は勿論欠失し、全体いたんでいたものの一領分揃っていた。川越の「O」さんという道具商が生ぶのままの姿で氏に売り渡した。さて、Oさんはこれをどこから入手したのか。些末すぎるので省略しておくが、それ以前のことは筆者がよく承知している。「O」さんも蘭丸云々に呆れ返り、今の内

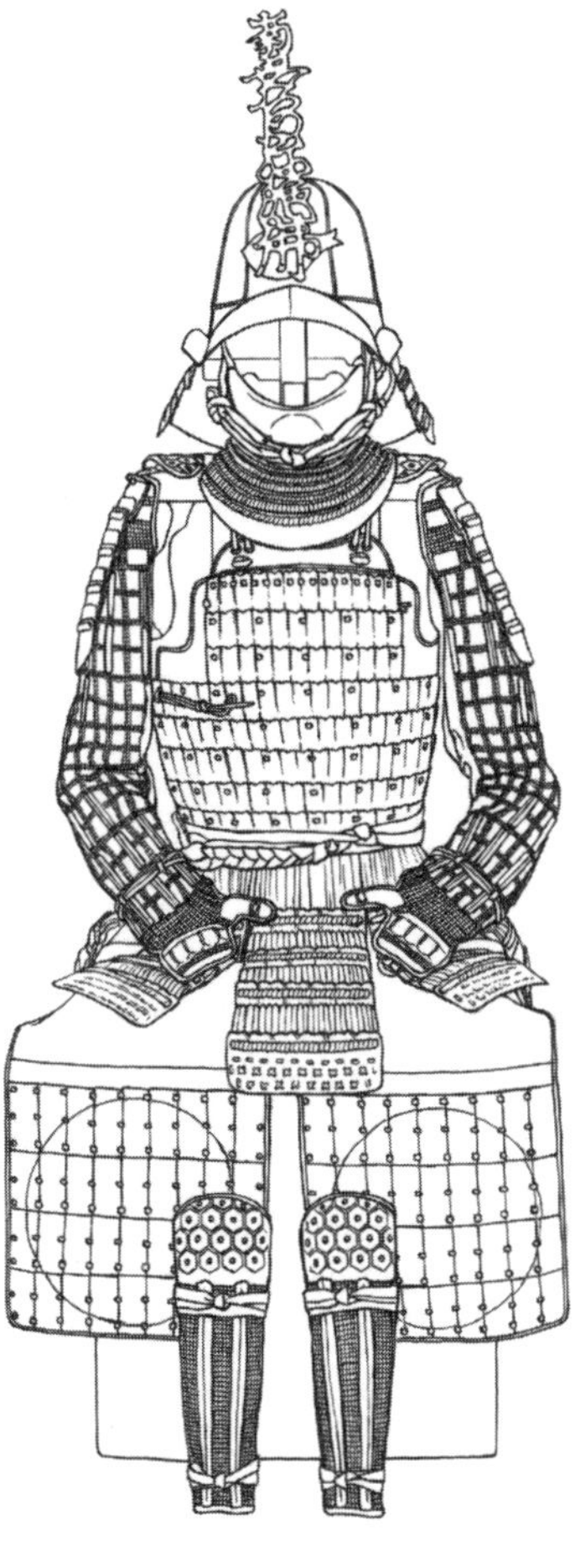

伝森蘭丸所用 伊予札胴具足

某甲冑師が古いいたんだ甲冑を修覆したもの。森蘭丸所用の伝来が忽然と現れた。

に正しいことを書いておいて下さいと筆者に懇願した。

既に大分昔のことになるが、「O」さんの一札は筆者の手もとにたしかにある。甲冑の時代様式の詳細がわかっている者の作為だけに、一見すると桃山風の雰囲気は感じられるが、やはり不自然さはどうしても拭い切れないものがある。兜や胴、佩楯といった部品は適当に一作に見えるように取り合わせしたもの。また、兜の南無阿弥陀仏の前立だけは、新作に時代付けされたものである。

こういう一見いかにもという感じは、ある程度の経験と知識がないとできる芸当ではない。贋作と伝来の捏造とは、似て非なるものがあるが、その害はどちらも等しく大きな問題を提起している。これを放置すれば、さらに甲冑の特別展などに森蘭丸所用として出陳され、某神社の胴丸のようになんとなく世の中に定着してしまうのではないだろうか。冗談ではなく、織田信長の関係展でかの胴丸が堂々と展示される日が来るかもしれない。

この森蘭丸所用と称する甲冑の持ち主の品々は、どうも伝来のついたものはそのままいただけない。北条氏康所用という鉄黒漆十二間筋兜は、某甲冑師作の昭和時代、つまりまったくの現代作品である旨、某氏から教えられた。稲葉貞通所用という黒漆三十二間筋兜は、長大な鍬形の脇立が見所だが、この脇立が新物。伝来も、その根拠がもちろん不明。足軽胴も、三鱗紋を朱描されたものの胴裏に「相洲小田原城内矢倉云々」と書かれたのを、小田原北条家家中のものとしている。つまり屋上屋《おくじょうおく》を重ねるたとえのように、小田原城内に備え置かれている足軽の御貸具足に、わざわざ「小田原城内云々」という説明のごとき書き付けは不要であろう。書付けた文体もいぶかしい。勿論、胴そのものの時代性は戦国迄さかのぼらない。

上杉謙信の甲冑

三宝荒神・朱叩漆紫糸威具足

四十年ほど前に故人となった大阪の有名な甲冑蒐集家の旧蔵品で、現在は伊達ゆかりの博物館蔵となっている。三宝荒神の変わり兜が非常に有名で、昔から兜の本には必ずといってよいほどでている。兜ばかりが有名で、胴以下はほとんど一般には知られていなかったのだが、仙台市博物館の所有となってからは、一領の具足として本に写真が載るようになった（三十三頁参照――巻頭随論に詳説）。

上杉家の甲冑

米沢の神社にいくつか謙信所用の伝来品がある。ただし、少し気にかかる点もある。本小札

伝上杉謙信所用 三宝荒神形兜

上杉謙信所用とされる。奇妙な形状と色彩で著名な兜であるが、とても謙信の時代とは考えられない。土台の古頭形兜は室町末期ぐらいの時代はあるが、加飾と構成は江戸前期ぐらいが精一杯というところ。まさに鬼面人を駭かせる「伝来物」である。

色々威腹巻、壷袖付の兜だが、鉢は六十間筋兜、透漆塗り。この兜鉢の鉢裏の鉄味が異常に悪い。大切に伝世されてきた割に、これは理解に苦しむところである。以前この兜鉢について笹間良彦氏と語り合ったことがある。何らかの理由で取り替えられたのであろうというところで見解が一致したが、詳細不明である。それと、この兜の瑞雲に乗った飯縄権現の前立だが、裏面を見るとその仕事が手馴れていないというか粗い。上杉謙信という武将は異常に感覚の鋭い人である。それにしてはこの兜と前立はお粗末にすぎる。とても上手のものとは思えない。兜鉢とともに、後世に取り合わせたと思われる。

長野の佐藤博物館にある金小札白糸威日ノ丸紋童具足が、上杉景勝の元服の鎧とされている。確かに上杉家伝来の美しい童具足として非常に結構なものであるが、景勝の少年時代というのは無理がある。江戸期に入る上杉家何代目かの当主の少年期の着具とみるべきものである。

直江兼続の所用と称する愛の字の前立のついた兜の具足は、古い写真にある胴や面具が、当初の正しい兼続所用と思われる。臑当も古いが、現在組み合わされている面具と胴以下は、どういうわけか江戸期のものに替わってしまっている。当初の古い胴、臑当、面具が失われていないか気がかりである。無事に残っているなら、旧に復すべきだろう。

上杉謙信および景勝の甲冑が存在するということ、上杉家が江戸期を通じても存続したことに因る。

武田家の甲冑

謙信のライバルとされる武田信玄の甲冑に関しては、良いものと悪いものが混在している。良いほうから挙げると、兜では寒川神社の六十二間筋兜。戸沢家蔵六十二間小星兜。浅間大社の二十二間総覆輪筋兜。胴では同じく浅間大社の色々威胴丸。朱札紅糸威胴丸、広袖付。美和神社の朱札紅糸威丸胴具足など。武田勝頼のは、浅間大社の紅糸威最上胴丸と、この胴にもともと付属していた六十二間小星兜（東京某寺蔵）がよい。

いけないなと思われるのがゆかりの宝物館にある錆地六十二間筋兜。高野山方面の鉄黒漆塗大黒頭巾形兜。いわゆる諏訪法性兜の一群。大黒頭巾は江戸中期位。またいわゆる白毛をつけた諏訪法性云々とされる兜類他にも存在するようであるが、全てといっていい程後代の仮托作である。

加藤清正の具足

東京の博物館蔵の片肌脱胴具足は、清正所用という。総髪形兜の付いたこの手のものとしては確かに優品だと認めるが、加藤清正所用は冗談である。肉色に塗った胴や金箔押しのトーン、

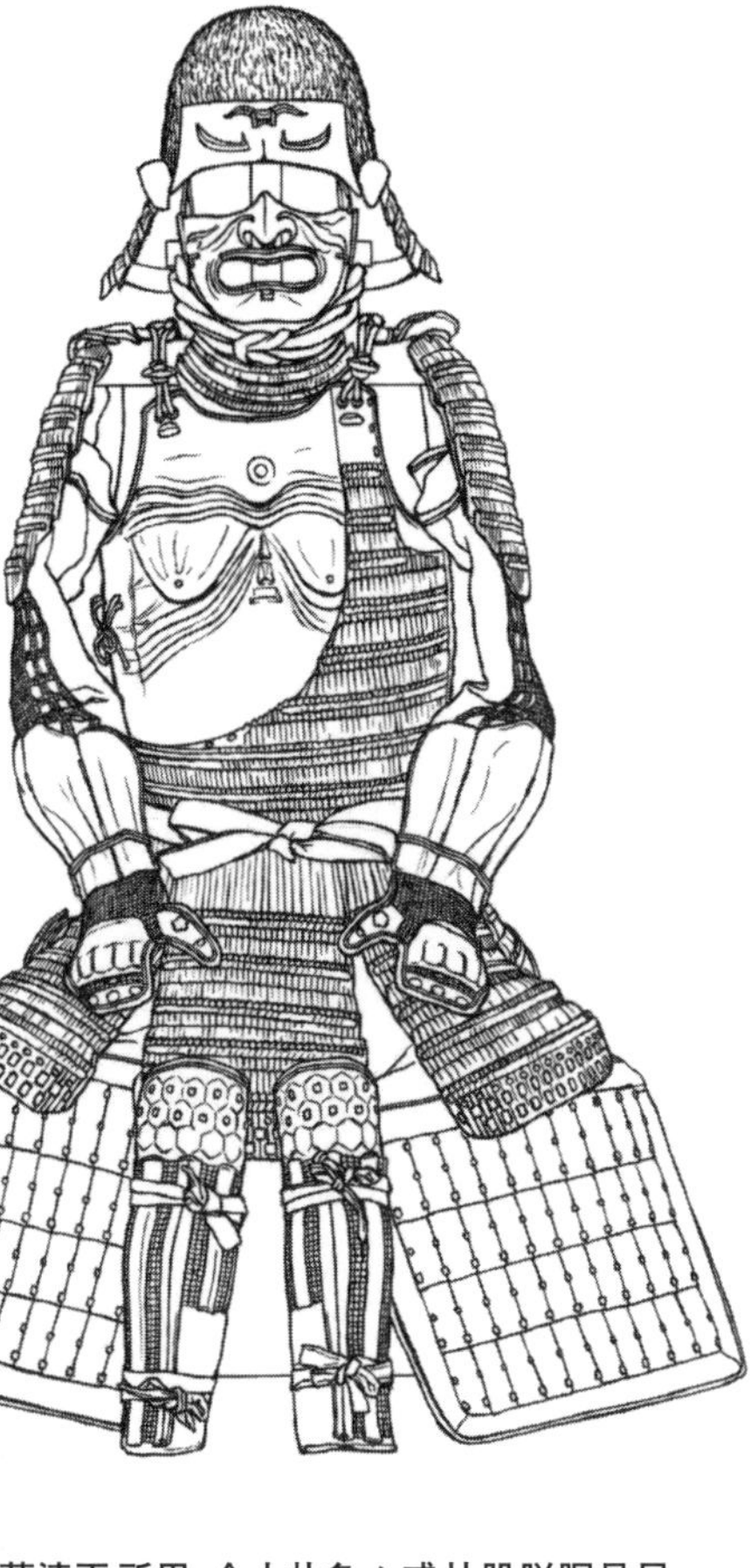

伝加藤清正所用 金小札色々威片肌脱胴具足

いつの頃からか加藤清正所用といわれだした具足。大正期の戸田子爵家売立目録に所載されているので、加藤家とは何のかかわりもない。戸田家何代目かの当主所用のものであろう。時代は江戸前期ぐらいか。

色々の威し糸とあいまってすばらしい具足に見えるが、薄暗い照明に照らされると、余計立派に見えるものである。これを称して「博物館展示ケースの魔法」という。

加藤清正は、記録によれば身の丈六尺以上の大男で、当時荒馬として名を知られた帝釈栗毛という馬にまたがるとまるで両足が地に着きそうであったという。当時の戯れ唄がある。

江戸のもがりにさわりはすともよけて通しやれ帝釈栗毛

これは清正の体格の堂々、そして威武を讃えたもので、もって清正の威風が偲ばれる。片肌脱具足は、この清正が着用するには小さすぎ、また甲冑自体の時代も桃山期には正直不足すると見た方が良い。

明智光春の具足

明智光春所用という和製南蛮具足がいけない。片肌脱胴具足と同様、当世具足の優品ではあるが、明智光春の時代はとても無理で、江戸中期というところが正しいであろう。近年も東京の公的博物館には当世具足の優品が入っているようであるが、伝来をつけるのは止めている。

伝明智光春所用 和製南蛮胴具足

ヨーロッパ製の歩兵用胴甲が日本にもたらされたのが南蛮胴。これを日本で写し製作したものが和製南蛮胴。胴正面に天後面に富士を打ち出す。こういうものを桃山期の意匠と短絡的に考えるのは困りものである。したがって、光春所用も否定されよう。

これは賢明な選択である。

また五輪塔六字名号の大頭立をつけた兜。伝来は伊予国今治藩主松平定基が享保七（一七二二）年、抱具足師の岩井に作らせたという。変り兜の本などにはよく掲載されるおなじみの兜だが、古いのは土台の越中頭形兜だけである。銀箔押しの五輪塔の空輪と地輪に梵字を透かし、風・火・水輪に南無阿弥陀佛を金で書く大形の頭立はまったくの現代製。もっとも造られてから五十年ほどは経っているが昭和時代の製作である。五輪塔基部と鉢の梅鉢を黒く抜いた金叩き塗りも同期の仕事である。これは京都の古美術商が所有していたが、どこからあのような伝来が生まれたのかと聞いたら黙ってニヤッとしていた。この作品の誕生裏話をこれまた京都の刀剣商から聞いたが、変り兜の特に異形のものは信用できない。仮りに伝来の文書がついていたとしても偽作である。文書もだめということになろう。この異形立物が構成されたのは京都であるが民間を転々としていたころ、この兜を所持した人が次々に不幸に見舞われるという噂が、まことしやかにささやかれたが、これも作り話で誰かがねたみ半分で言いふらしたのであろうか。

竹中重治の甲冑

豊臣秀吉の軍師として有名な竹中重治の具足が岡山の美術館にある。変り兜の付いた魚鱗札具足の優品だが、竹中半兵衛の所用というのはとてものことに無理がある。江戸中期ぐらいである。

半兵衛所用としては、某家の軍配団扇を金箔押しした革包二枚胴具足が時代としてはある。ただし胸板の丸に一文字紋、胴の軍配紋は竹中家に関係はない。付属の兜は江戸中期の別物である。つまり、取り合わせで、時代はあっても特定所用者の指定は無理である。

龍造寺隆信の甲冑

九州の博物館に龍造寺隆信所用という具足がある。これも、よく出版物で見かけるが桃山期はない。江戸前期から中期と思われる。鉄錆地巾着形兜と留塗り迦楼羅頬が印象的な一領である。厚い鉄板の横矧桶側二枚胴と特徴的な瓦佩楯などから典型的な肥後具足と観せられる。こういう肥後具足が、龍造寺隆信の時代に存在したとはとても考えられない。

時代の足りない甲冑

以下に列記するのは、いずれも時代の明らかに足りないものである。

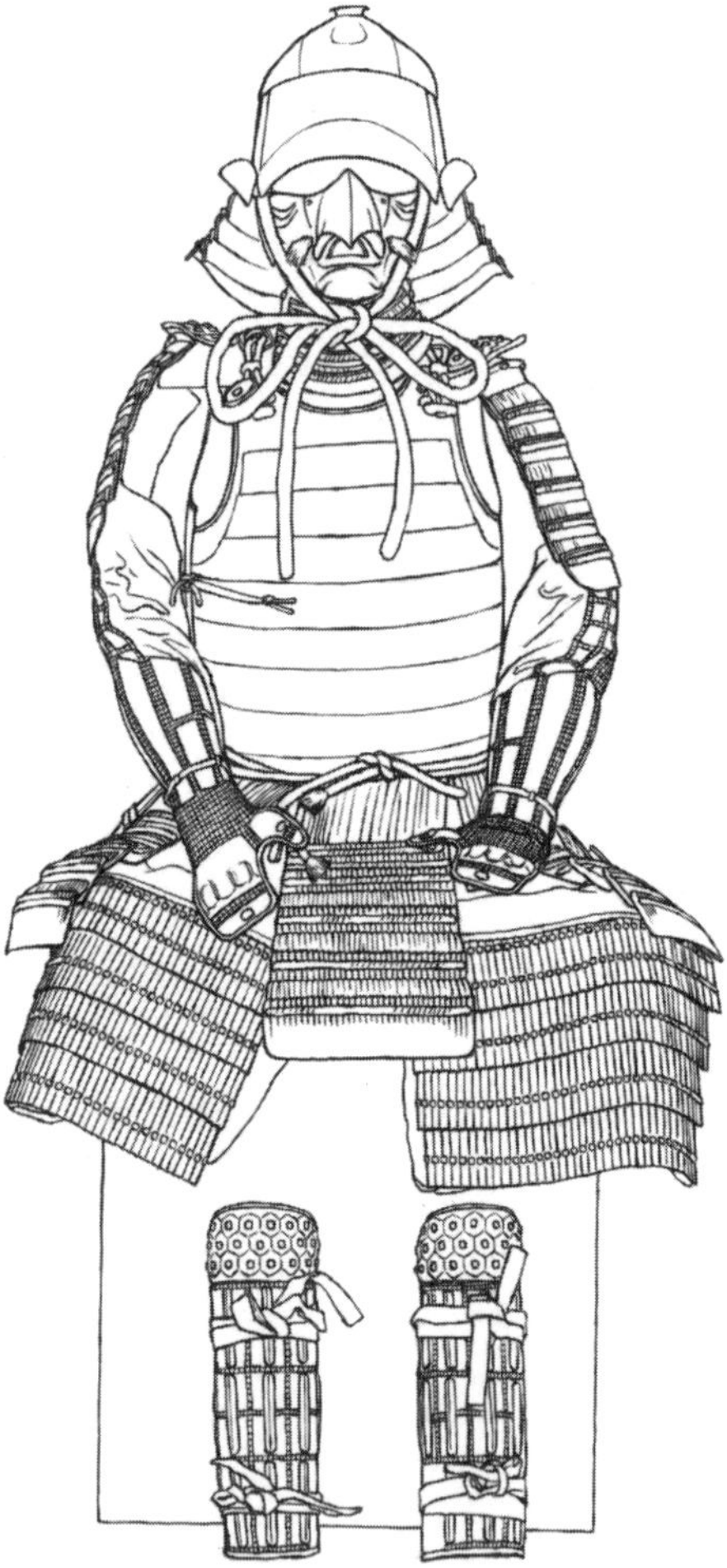

伝龍造寺隆信所用 横矧桶側二枚胴具足

もとは佐賀、某神社に伝来。社伝によれば龍造寺隆信所用というが、時代は遡っても江戸前期の頃のものである。

東京某博物館蔵　伝 豊臣秀吉所用
鉄錆地桐紋烏帽子形兜　▼江戸中期頃

長野県某市博物館蔵　伝 真田昌幸所用
啄木糸素懸威伊予札胴具足　▼江戸前期−中期頃 前立現代か？

山形県某市考古館蔵　伝上杉景勝所用
皺韋包本縫延二枚胴具足　▼江戸前期−中期頃

某県　伝戸田康長所用
切付伊予札紺糸寄素懸二枚胴具足　▼江戸中期頃

兵庫県某市歴史民俗資料館蔵　伝 織田信雄所用
本小札黒糸威胸赤二枚胴具足　▼江戸中期頃

岡山県某寺蔵　伝宇喜多基家所用
銀箔押切付伊予札紅糸素懸威二枚胴具足　▼江戸前期−中期頃

東京某神社蔵　伝小早川秀秋所用
切付札紫糸威二枚胴具足　▼江戸前期−中期頃

山口県某市文化センター寄託　伝 清水宗治所用
金小札緋威二枚胴具足　▼江戸中期頃

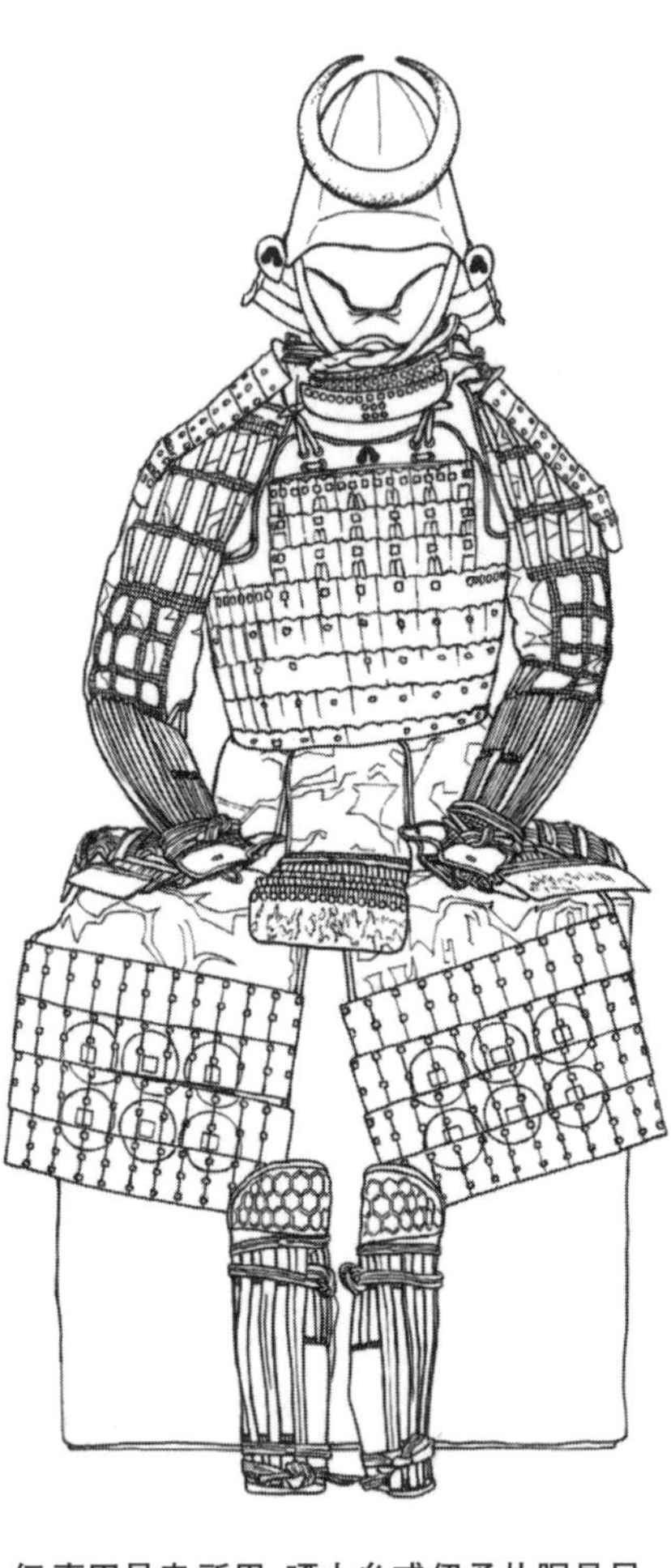

伝真田昌幸所用 啄木糸威伊予札胴具足

従来、あまり知られていなかった。ここ数年、真田昌幸所用の具足として本に載るようになった。胸板と脇板の塗りが異なる点、吹き返しと胸板の州浜紋、垂と手甲の六連銭の稚拙さ等、昌幸所用の伝来をとても首肯することはむつかしい。

某氏蔵　伝蜂須賀至鎮所用
革包丸龍文二枚胴童具足　▼江戸中期頃
愛媛県某市教育委員会蔵　伝土居清良所用
切付伊予札二枚胴具足　▼江戸前期－中期頃　前立現代か？
高知県某寺蔵　伝長宗我部信親所用
朱札緋威日ノ丸紋二枚胴具足　▼江戸前期－中期頃
高知県某資料館蔵　伝香宗部親泰所用
伊予札菱綴二枚胴具足　▼江戸中期頃　前立現代か？
某氏蔵　伝加藤清正所用
朱切付札緋威二枚胴具足　▼江戸前期
和歌山県某寺院蔵　伝真田幸村所用
朱塗日根野頭形兜　▼江戸前期
某氏蔵　伝石田三成所用
伊予札緋素懸威二枚胴具足　▼江戸中期頃
某氏蔵　伝山中鹿之助所用
朱塗十二間阿古陀形筋兜　▼江戸前期　前立現代か？

山形県某市考古館蔵　伝直江兼続所用
錆地塗切付札浅黄糸威二枚胴具足　▼江戸中期頃
長野県某市博物館蔵　伝仙石秀久所用
切付札緋糸威二枚胴具足　▼江戸中期頃

などなどは、明らかにおかしいと考えられるものである。この中には、ここ最近、このような伝来が語られだした甲冑も相当含まれている。おかしいものはおかしいと指摘しないと、際限なく戦国武将関係の出版物に紹介され、織田信長所用という紺糸威胴丸みたいに認知されてしまう。これは素人には迷惑なことである。愚かしくも滑稽だが、笑ってばかりはいられないのではないか。

修理と破壊

問題がありそうな甲冑は、まだ半分くらいしか出ていないが、いずれも伝来の武将の時代までは時代が上がらないものである。甲冑に限らないが、刀剣でも仏像でも、ありとあらゆるものには、それぞれの時代様式というものがあって、見る人が見れば時代の不足というか感覚のずれというか、そういう不自然なものはみな、わかってしまう。伝来は信用されないわけである。

逆に伝来はなくても、戦国時代は十分に首肯できるものは真に貴重だといわざるを得ない。使用者は不明だとしても、実戦期の甲冑はただの飾り物ではなく、数々の戦いに実用されたものに相違ない。日本歴史上の著名な戦いに使われた可能性は非常に高い。こういうものが、有名武将の伝来がないだけの理由で、ほとんど顧みられない現実は、まことに遺憾といわざるを得ない。もっとこういうものに注目し、光を当てるべきではないだろうか。時代感というのは争えないもので、その時代の人が自然に作ったものしか、その時代独特の雰囲気は出ないものなのである。

鎌倉時代の兜は鎌倉時代の、南北朝時の兜は南北朝時代の、室町時代の兜は室町時代の甲冑工が作ったものしか、その時代感覚が出ない。江戸後期、古甲冑の複古研究が相当進み、かなり良くできたものもあるにはあるが、よほどの出来でも全く趣が異なる。やはりどこか違和感はぬぐえない。本物に勝る複古作は絶対にない。それと時代が付くというか、大切に伝世されたものが持つ独特の美しさ。われわれ日本人の美意識には、外国人にはない不思議な感覚があるようだ。たとえば根来塗の手摺れや断文、刀の中心の錆色。こういうものを美しいと感じる感性をもつ民族は世界でもあまり例を見ない。

中世、戦国時代の古甲冑においても、生ぶの美しさ、少々の痛みでも修理は最低限に抑えて、本来の状態を少しでも多く残そうとする。だから切れ損じた威毛もできるだけ残して、部分的に補強する程度にする。また、兜の漆など、割れて落ちそうになっていても可能な限り手をつけない。取り扱いは慎重にしなければ、痛みが進行してしまうが、甲冑というのは鉄、韋、漆、糸などの総合作品だから、本当に取り扱いには気を遣う。当世具足を具足櫃から出して組み立て、また櫃に戻しただけで漆片や威毛が少しずつ落ちてしまう。

甲冑の修理で、非常に残念な結果になってしまったのがいくつもある。江戸期のどうでもよい甲冑ならともかく、戦国期の名品が台無しにされた例がある。富士浅間大社の武田勝頼所用、緋威最上胴丸は威毛をすべて威し替えされてしまった。元の威毛は結構残存していたが、全部はずされて新しく威し替えられてしまったのである。「未指定品だから慎重さが足りなかった」などとは、とても言い訳のできない破壊行為だと憤りを覚える。このほかにも蛇宮神社蔵、伝前田利孝所用、黒漆塗鯰尾形兜は黒漆が割れて剥落しそうなのは確かだったが、すべて古い漆の上から黒漆を塗り直してしまった。古香は偲ぶよすがもない。

まったく文化財行政の稚拙さの悲劇である。教育委員会、文化財保護課の人々の意識、そのレベルの低さが露呈したかたちである。このような修理の名を借りた破壊行為を繰り返させないためにも、われわれが声を上げていかなければならない。

日本美術院の仏像修理などでは考えられないことである。できるだけ外観は現状を維持した上で虫害や腐蝕部分を取り替えて、少しでも仏像が長持ちするようにする。当たり前の気遣いである。これが不可能なら、手を触れないほうがましである。

一度破壊されたものは元に戻らない。甲冑ではないが、大阪の誉田八幡宮の重文、松皮菱螺鈿鞍はもともと前輪、後輪の外側に鍍金の地板を張った数少ない鎌倉時代の鏡鞍だった。これを鍍金の地板の下にどんな螺鈿があるか知ろうと地板を剥がす暴挙に出た。剥がしてみれば居木《いぎ》部分とさして代わり映えのしない螺鈿しか現れず、見事な失敗となったが、地板は歪んでしまって元に戻らないのか、はずされたままである。地板を張ったまま螺鈿の文様を知ることができるエックス線写真の技術が開発される以前のことだが、無茶なことをしたものである。重文指定の前かもしれないが、当時の責任者も故人となっている。

変なものを重文にしたり、重文級の鏡鞍を破壊してしまう。貴重な戦国期甲冑を、修理の名の下に台無しにしてしまう。当路の人々の猛省を促したい。

黙っていたら同じようなことが繰り返される。現在はインターネットという便利なツールがあるから、個人の意見も建設的なものなら広がっていくかもしれない。初めは少し勇気がいるだろうが、とにかく良いと思ったことは、どしどし声を上げていくことが大事ではないだろうか。たとえ少々は的外れであっても、である。

山上八郎と『日本甲冑の新研究』

戦国期ではないが、大三島の大山祇神社には鎌倉・南北朝・室町期の中世甲冑が相当数奉納されており、そのほとんどが国宝・重文指定を受けている。中でも国宝、赤糸威胴丸鎧は源義経、同紫綾威鎧は源頼朝、紺糸威鎧は河野通有奉納などの伝来があるとされている。

これに噛み付いたのが斯道《しどう》の大権威、山上八郎博士である。非常にユニークな人で、故人になられてから、その奇行・奇人ぶりが本にも書かれている。しかし、奇人だろうが変人だろうが、『日本甲冑の新研究』という大冊をわずか二十代で書き上げたのだから天才というほかない。日本甲冑愛好家で、『日本甲冑の新研究』を所持していない人はいないと言い切れるほどの基本的文献である。この本だけあれば、日本甲冑のことはほぼ事足りる。逆に言えば、この本をもたない人は研究愛好家の数の内ではないということだ。

山上八郎氏に会って、想像とあまりにも違ったとか、失望した、幻滅したという人の話はよく聞く。自分の本を読んだ者は、みな自分の弟子と思っていたふしがあり、初対面の人にでも「今ちょっと金に困っている。君、少し金を都合してくれたまえ」というようなことを言っていたようである。こんな調子で、甲冑愛好家の間では山上氏と距離を置く人、付き合いを遠慮する人、拒絶する人などいろいろで、甲冑研究会にも招き入れられなかった。いわゆる甲冑会の数など山上氏の方で問題にしていなかったといった方がいい。

『日本甲冑の新研究』が初めから凄過ぎたというか、完璧すぎたのか、その後に続く本がほとんど見当たらない。昭和四十九年に『日本甲冑百選』という本が出るには出ているが、『日本甲冑の新研究』に比すべきもない。人間、一生のうちにあれだけの著作一つだけでも書ききれるものではない。その後も日本甲冑の本は色々出版されたが、いまだにこの本を超える日本甲冑研究書は現れていない。それほどすごい内容で、すべて語りつくされている。

これほどの大先生だから怖いものなどない。文化庁だろうが大山祇神社だろうが、厳島神社だろうが、変なことを書いたり間違ったことを言ったら、歯に衣着せぬ論調でバッサリ切り捨てていた。なで斬りで斬りまくったから敵も多く、大山祇神社と厳島神社は出入り禁止となったという。山上八郎氏のような大先生だけじゃなく、大蒐集家というやつも毒がないとなれない。物に対する執着。これが常人のそれとは桁が違う。有名なコレクションなど、普通は一代で築けるものではない。もちろん財力も当然必要だが、お金だけあれば集められるという生易しいものじゃない。最高のものを何とか入手してコレクションに加えたいという欲望。そのためならいかなる手段をもいとわない。

たとえば、安宅コレクションの逸品を入手するための執念。主に朝鮮陶磁器のコレクションだが、大阪東洋陶磁美術館に寄贈されて散逸は免れた。

日本甲冑の蒐集家で有名な人は、古いところでは有職故実の大家として有名な関保之助。その売立目録を見ると、もうとんでもないレベルのものがゴロゴロ出てくる。燻韋威妻取鎧は今残っていれば、間違いなく重要文化財である。南北朝期のもので佐々木信胤所用の伝来があり、時代は矛盾していない。このほか、生ぶな鞠の完璧な総覆輪阿古陀形筋兜や室町期の胴丸、腹巻がズラリと並ぶ。それに鎌倉時代の菊螺鈿鞍、古い杏葉轡、白糸威妻取大袖などなど、現在であれば大変な価値のあるものがゾロゾロある。

これらのうち、現在行方のわかっているものの筆頭に鎌倉時代一枚張星兜がある。最近再発見されたものであるが、腰巻に共鉄の威垣を設けた類品のない貴重品である（但、『集古十種』にただ一点中村弥太夫所蔵の品を載せるが現在は存在不明）。あと数点存するが、そのほとんどが行方不明である。燻韋威妻取鎧は三井家が購入したというが、空襲で焼けてしまったらしい。もし無事なら、いまだに出てこないはずもないだろうから、消失したというのはあたっていると思われる。京都にあれば空襲にも遭わずに無事だったろうに、残念なことである。鎌倉時代の菊螺鈿鞍も実に惜しい。残っていればこれも重要文化財である。

南北朝期の白糸妻取大袖一双も惜しい。色々威胴丸大袖付のは重文指定を受けて萬野美術館蔵だったが、現在は国立民俗学博物館蔵となっている。東京、横浜、名古屋、大阪、神戸、岡山、広島などなど、京都と奈良を除く大都市はほとんど空襲でやられたから、甲冑以外でも膨大な数の文化財が消失したと考えられる。日本画家で甲冑画の小堀鞆音氏旧蔵の四方白星兜鉢がある。これは奥州の古塚から出土したものであるが、篠垂等の加飾が唯一珍しい南北朝期の遺品である。

京都の高津義家氏のコレクションは、高津古文化会館に収蔵され、時々展示会で公開されていたが、惜しくも何らかの理由でかなりの部分が散逸してしまった。できれば京都国立博物館などが一括で購入するとか、何か手を打つべきであったと思うが氏を知っていただけに残念である。

石清水八幡宮の大鎧金具は、八幡太郎義家奉納の伝来がある平安期の鎧金具だった。火中した金具でも由緒深い品である。金儲けだけが目当てとしか思えない業者の手にかかって、知らぬ間に移動させられてしまったのが現実である。消失前の状態が江戸時代に刊行された図録集『集古十種《しゅうこじゅっしゅ》』に載っていて紺糸威の鎧だったことがわかる。火中した兜を納める櫃は、あの大塩平八郎が奉納している。こういう由緒ある平安時代の鎧金具が、よそへ転売されてしまったというのは、当時の所有者の不覚はもちろんだが、業者の倫理も問われる問題ではないか。

故人だが、非常に目の利く人で甲冑研究会の審査委員もされていた東京の西光寺住職の芳賀実成という人がいた。とにかく兜が好きで、それも特に鎌倉・南北朝・室町・桃山と中世実戦期のものに目がない。山上八郎氏とも昵懇《じっこん》だった。異常な執念で蒐集したのは事実らしく、坊主が檀家から巻き上げた金で兜を買いあさるなど、とても普通とは思えないと酷評する者や、自分で汗水たらしたお金で買うならともかく信者から手に入れた金、いわばお布施だから、それだけでも天罰が下りそうな、罰当たりな人だというむきがいるが、そこまで言うのは言い過ぎだろう。西光寺蔵となった某神社旧蔵の信長から謙信へ贈られた金小札色々威胴丸。蕨手刀の研究で知られる石井昌国氏が一時所持していたが、上手に手に入れた。あとで某社の旧蔵だと知った石井氏は地団駄を踏んで悔しがったという。芳賀氏の所有となってから、大きくその筋に運動して重要文化財の指定を受けることに成功したという。このような収集家のコレクションは超一流となる。

お金がなくても、安くていい物をうまく見つけてくる能力のある人がいる。鼻が利くというか、もう特技のようなものである。蒐集家としては一番理想のかたちで、いいほうからいうと、〝いい物を安く買う〟。これがベスト。次に〝いいものを高く買う〟。その次が〝駄目なものを安く買う〟。最低なのが、〝駄目な物を高く買う〟の順である。

いい物を高く買うほうが、駄目な物を安く買うより上位なのは、いい物は高買いしても時間が経てば値上がりする可能性があるからである。駄目なものは安く買ったとしても、いつまで経っても価値は上がらない。逆に値を下げる危険すらある。骨董蒐集の長い経験をもつ人の話によれば〝高くとも一流品を買え、安くても中途半端な物は買うな〟である。

古美術売買は、言葉は悪いが博打のようなものである。丁と出るか半と出るか。以前に古美術界では、この話でもちきりだったと思うが、とある地方の骨董祭で運慶の仏像が出た。もちろん、その時点では運慶だとは知る由もなかったが、売り値は三〇〇万円。骨董祭なんてところは、プロの古美術商もたくさん見に行くのは当然である。ところが、この仏像を買ったのは、なんと普通のサラリーマン。プロの古美術商の何人かが交渉はしていたが、売主は応じなかったらしい。ちょっとぐらいは値引いたのかもしれないが、とにかく買い切ったのは某サラリーマン。開業医でも病院長でも、不動産会社の社長でも、建築会社の経営者でもない普通の会社員。サラリーマンにとって、三〇〇万円は大金である。自動車ならローンという手もあるが、古美術品を買うのにローンはない。一大決心がいったに違いないと思うが、物の力が勝ったのだろう。

この仏像を手に入れたこの人物は、東京国立博物館に鑑定を依頼した。そして結果は運慶作。東博は三億だか四億円で購入したいと希望を伝えたが、なんとこの人物はその話を蹴って外国のオークションに出品した。その落札価格はなんと一三億円。手数料を引かれても一二億円を手に入れた。東博が運慶だと鑑定したから重要文化財クラスである。東博の所蔵となれば、当然なんの障害もないから、直ちに重文に指定されたと思う。面目丸つぶれなのは東博で、いいように利用された形になった。普通なら原価三〇〇万円のを三億で売ったら一〇〇倍になるから、二つ返事で売ってしまう。誰も三〇〇万円で買わないのを買い切った度胸。東博が四億で購入するという話に応じなかった根性。この度量が、一二億というプロの古美術商も舌を巻くほどの成功をもたらしたすべてである。このサラリーマンは一〇億以上もの利益を手にしたからよかったが、下手をすれば半値か三分の一以下になるリスクもあった。骨董祭で高買いした場合、そうなる危険性のほうがはるかに高い。

一三億で買い落としたのは結局、日本の宗教法人というから国外流出は逸れた。その宗教法人の手にはいった後、重文指定になったという話は聞いていないが、会社員が所持していた時点で重文にしていたら、外国のオークション出品も阻止できたかもしれない。国宝、または重文指定のものは国外へ転売するようなことは禁止されている。しかし、寺社や美術館などのものは指定されやすいが、個人の所有物は指定されにくい。まして東博に売ってくれなかったものを重文にするのは、プライドが許さなかったのだろう。何かどろどろした人間関係を見るようだが、古美術商の話題で清々しい話はない。騙し取られたとか、高く売りつけられたとか、安く巻き上げられたとか、買い手の姿勢に問題がある。甲冑ではそんな話は聞いたことはないが、何が起こるか予測できないのもこの世界である。ネットオークションに実否は別として上杉景勝の具足が出たのも最近のことである。

足利尊氏奉納 白糸威妻取鎧

先ほど国宝・重文指定品は海外へ転売できないという話だったが、国宝・重文クラスの甲冑が海外へ流出してしまったわかりやすい例がある。京都祇園石段下に時代屋という道具屋があった。十数年前に、この店はなくなってしまったが、甲冑は数々の優品を手がけた店だったようである。歩道のアーケードでわかりにくかったが、実物の兜三頭をくっつけてある看板が有名だった（これは現在筆者蔵）。

明治時代のことだが、この時代屋に南北朝時代の白糸妻取鎧が売りに出た。亀岡の篠村八幡に伝来した鎧で、足利尊氏が討幕に挙兵した折、戦勝祈願に奉納したという。これを岡倉天心が見て欲しがったが、高額すぎて手が出なかった。価格は明治時代の一万円。現代の価格でいくらになるのか知らないが、おそらく数億円だと思う。買ったのはアメリカメトロポリタン美術館の初代東洋美術部長バッシュフォード・ディーン氏。兜は別物だが大円山総覆輪筋兜。威毛は黒韋威肩白で、時代は鎧と同じく南北朝期。日本に残っていたら国宝級である。こういうものが流出してしまった。兜と鎧は、両方とも南北朝時代で同じ。よく兜と胴の威毛が違うとか、胴と袖の八双金物が異なるから合わせ物だとか、甲冑を評するときに欠点としてよく言われる話である。

しかし本来は同毛、同金物で作られたのが基本であることに違いはないものの、実用上はこれらが異なる別物であってもなんら支障は生じない。つまり刀槍、弓矢から身体を守る機能には不都合も生じないということである。極端な例だが、「蒙古襲来絵詞」の中で、竹崎李長が戦闘で失くした兜の代わりに応急処置として臑当を頭に結びとめて元軍の軍船に乗り込み戦う場面がある。中世の古甲ははじめから何もかも一作揃いとは限らないのである。

また、これは映画の演出とはいえ、黒澤明監督の映画「七人の侍」の中で、菊千代役の三船敏郎が籠手を頭に巻きつけて戦うシーンがある。つまり防具の役には何でも使えるということだ。南北朝期の鎧に頭形兜ではお話にならないが、時代が同じものなら以上のようなことも考えられるし、それはそれで尊重しなければならない。それに昔のことである。鎧兜などというものは、非常に貴重品であったはず。戦闘で傷んだら修理する。敵を斬った返り血で威毛が汚れたら洗浄や威直しは日常のことである。古美術品や文化財ではない。仮に兜は紅糸、胴は白糸、袖は黒韋威などというバラバラの組み合わせでも戦闘に支障はない。威毛が異なるから恥ずかしくて兜も被らず出陣したなどということは思想として存在しない。実用の時代のことを、現代人は、愛好家はもちろん研究家さえ知らないのが実情である。

以下は別項にもふれたが、ここ数年の間に、森蘭丸所用と称する当世具足が戦国武将関連の書籍に紹介された。それも、巻頭を飾る数頁にわたる特別扱いである。兜には、間数の荒い頭高の黒漆塗りの筋兜。胴は本伊予札黒糸素懸威丸胴。当世袖と草摺りは金箔押し色々威。佩楯は黒漆塗り板佩楯に金箔押し日ノ丸という、なかなか華やかなものである。兜のシコロと半頬の垂の色々威は、袖草摺りに合わせた現代の威し替え。「南無阿弥陀仏」の前立は、まったく今出来の後補である。全体的な雰囲気は、上方出来の桃山調を狙ったことは明らかであり、それはある程度成功しているようにみえる。

この一見らしいという感覚は、かなり甲冑の時代感がわかった、それもかなり甲冑知識をもった者で無いかぎり不可能である。当具足をこのように構成した人物は、某有名甲冑師である事がすでにわかっている。この方は時代感覚の合う兜・半頬・胴等を一領の具足に構成はしたが、それだけである。森蘭丸所用の伝来がついてデカデカと本に紹介されたのを知って驚いたことが某書に記されている。この人の蔵品には怪訝なものが少なくない。

その筆頭が、北条氏康所用という黒漆十二間筋兜であろう。鉢の形は室町前期の少し前方が流れた形で室町後期～末期の阿古陀形ではない。入念に時代付けされて、古物のようにみせてはいるが、全くの現代作である。この兜も森蘭丸の具足を構成した某甲冑師の作という。かようなものが、北条氏康所用として一人歩きをはじめている。公的博物館等が勘違いして図録等に掲載でもしてしまったら……。

それから同所蔵者のもので、小幡信貞所用という仏胴胸取り具足も森蘭丸の具足と同じ甲冑

伝 北条氏康 所用 鉄黒漆塗十二間筋兜

北条氏康所用としてよく本に所載されている。しかし、まったくの現代作。とはいっても製作されてから50年近くは経っていよう。三鱗の据紋や鉢付鋲がわざとらしい。

師の手が入ったものである。兜は六間黒漆塗りの頭高筋兜。眉庇は内眉庇を備えた越中風で、鉢は森蘭丸所用という具足のものに似ている。銀箔押天衝は現代製。面具は丸みの強い、ちょっと変わった燕頬だが、不自然な感じがする。太ったまん丸顔にフィットしそうな形状は、異様ですらある。胴は黒漆塗り二枚の仏胴で、前立挙のみ毛引き威とした胸取り。正面に六柏葉文、背面に団扇を蒔絵する。草摺りは矢筈頭伊予札の素懸威。裾板のみ金箔押し。佩楯は黒漆板佩楯日ノ丸。袖は無い。

小幡信貞は武田信玄・勝頼に仕えた武将らしいが、当具足が信貞所用だという根拠が今不明である。小幡信貞所用は単なるロマンとしておく方がいい。尚この件に関しては上野小幡氏の研究家である白石元昭氏が既に早くから家紋その他原譜研究不足から疑義を抱き、その主張は認め難いと断じている(『上野国小幡氏の研究』昭和五十六年群馬文化の会刊)。

同じく稲葉貞通所用黒漆塗三十二間筋兜。鉢は膨らみ豊かな阿古陀がかった少し深めのもので、鉢だけならちょっと相州風にみえる。眉庇は当世眉庇。左右にやや長目の脇立角元が各二本打たれている。相当大きな脇立がついたと想像されるが、現在の黒漆塗の鍬形の脇立は新物の後補。これとて大破の残欠でも残っていて、それを元に復元したというならともかく、全くの創作であろう。鍬形の外側先端を大きく伸ばした形状はなかなか恰好よろしいが。

稲葉貞通は美濃国・郡上八幡城主。「関ヶ原の戦いに、犬山城で戦った折に着用したもの」との解説がなされているが、これも根拠不明。また同所蔵で、大内義隆所用という鉄錆地十二間阿古陀形筋兜がある。いいかげんな烏天狗の前立やその上部に設けられた木か竹の並角元が非常によろしくない。丸断面とおぼしき祓立装置も違和感がある。ただし、兜鉢と鉄板二段笠シコロは室町末期のもので時代は十分にある。しかし、いくら実戦用だとしても大内義隆が使ったというには、品において格において劣る。これは標準製である。やはり大内義隆クラスの大名の兜であれば、総覆輪阿古陀形筋兜が最低限の常識である。大内義隆所用というのは物品的にも合格しない。非常に疑わしいと言わざるをえない。なぜ、この兜が大内義隆所用なのか。

まだある。下野国の豪族、小山氏所用という黒漆日根野頭形兜。鉢もシコロも平均的な日根野頭形だが、天辺の六曜透しがしいて言えば少し古式といえる。吹き返しも無い。素懸威の紫糸は後補。銀箔押しの二ツ尾長巴紋前立は現代製。鉢の黒漆も塗り変わっているようだ。これも小山氏だという根拠は如何なものであろうか。とにかく、この方の所蔵品からは低価格なものを修理補完して伝来を作為し、付加価値を高めて出世させたいという考えが隠見されるが読者は如何に感じられるであろうか。

伝来の明らかなものなど、左様にあるものではない。まして個人で買い集めたものなどで、どれもこれも伝来が明確なことなどありえないから、単なる気分的なものとしておくべきだろう。どれかといえば、加藤清正所用片肌脱二枚胴具足と明智光春所用和製南蛮胴具足、豊臣秀

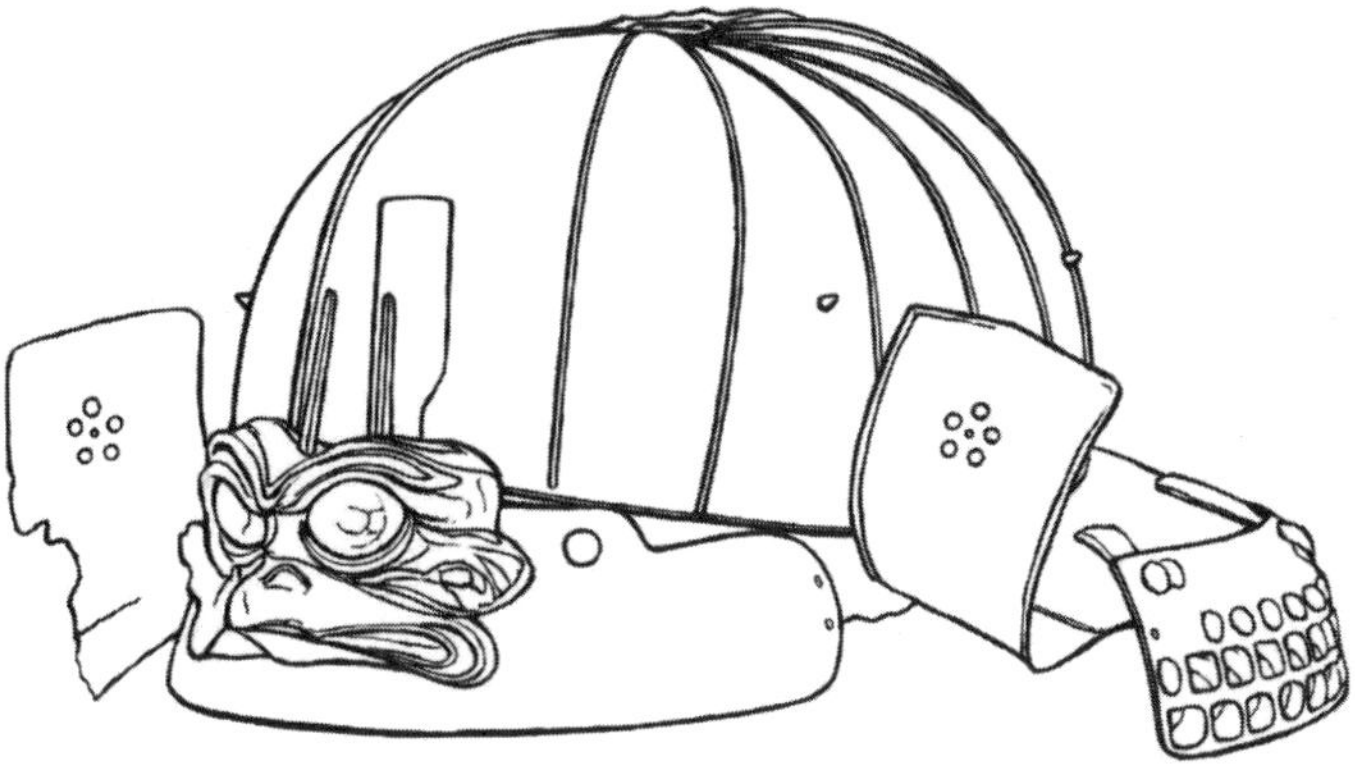

伝大内義隆所用 鉄錆地十二間筋兜

烏天狗の前立とおかしな祓立台以外は、室町末期の実戦的兜。一見錆地に見えるが、サッと薄く黒漆がかけられていたと推定される。春田光定銘の非常に良い兜だが、義隆所用とするには、格が下がりすぎるであろう。

吉所用鉄錆地烏帽子形桐紋兜。いずれも伝をつけているから、何を書いてもよいというわけではないと思う。慎重な対応が望まれる。

某県立博物館蔵。足利政氏所用本縫延五枚胴具足。兜は鉄黒漆六間阿古陀形筋兜。眉庇は当世風。シコロはややゆるやかに開いた板物の日根野シコロ三段を縹糸で毛引に威す。吹き返しは初めから無い。八幡座は銅鍍金四重。面具は黒漆塗り猿頬。垂は板物三段。胴は本伊予札縫延縹糸素懸威。四カ所に蝶番を設けた五枚胴。金具廻りは雁木篠とし嵯峨桐紋を金蒔絵する。胸板、押付板下部、前後立挙の上端部に鍍金丸ニ二引両の紋鋲一点宛を各三カ所に打つ。草摺りは練革伊予札六間五段を縹糸素懸威とし、裾板各二カ所に桐紋を金蒔絵にする。篠籠手、篠臑当は通常形式。佩楯は板佩楯。袖は初めから無かったかもしれない。製作当初は黒漆に縹糸が映えて、なかなか美しかったと思われるが、金具廻り、草摺りの嵯峨桐蒔絵と、鍍金紋鋲ぐらいしかアクセントがなく、おとなしい感じの具足である。特に兜に立物装置が無く、兜が少し淋し過ぎるところは逆にめずらしいともいえるが足利政氏所用の伝来だがまことに格が低すぎる。政氏の没年である享禄四年（一五三一）から考えても時代的にむつかしい、最晩年のものだと考えても政氏所用は相当きびしい感じがする。

当具足は桃山盛期・文禄・慶長頃だと思われる。政氏の時代より五〇〜一〇〇年程ずれている。強いて無理をして政氏の孫の代の使用品ではないかと想像する。玄人好みというべきか、

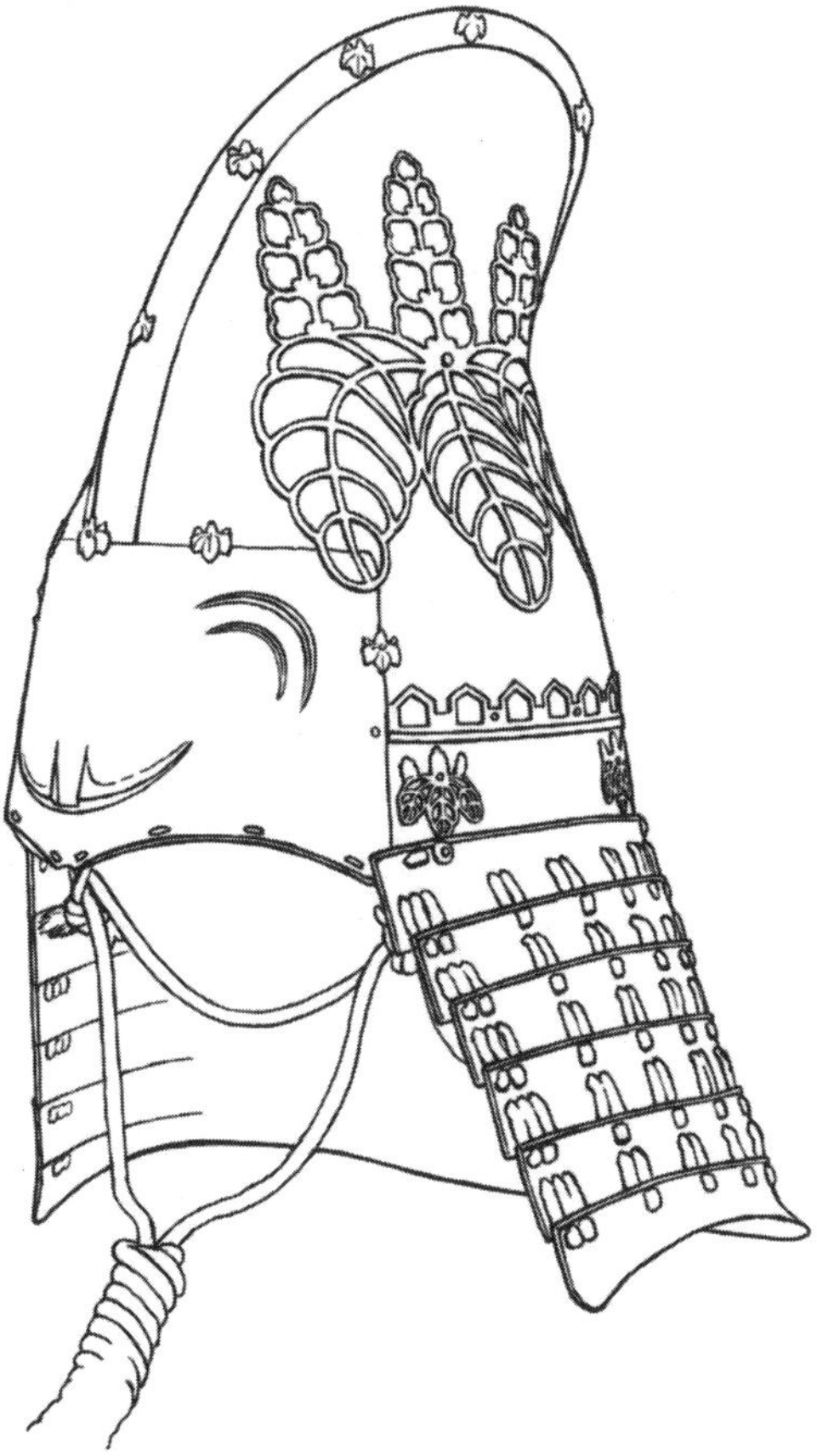

伝豊臣秀吉 所用 鉄錆地烏帽子形桐紋兜（東京某博物館蔵）
豊後日出藩主、木下家に伝来した。いつの時代からか、豊臣秀吉所用の伝来が生まれたのであろう。桃山期の時代感覚とは相当のずれがある。当然のことながら、秀吉所用というには無理がある。

ちょっと地味だが良い具足だと思う。古河公方足利政氏の菩提寺甘棠院伝来という点もその部分では悪くない。

次に某氏蔵の蜂須賀至鎮所用、革包丸龍文二枚胴の童具足というのがある。

至鎮が十五歳の初陣で関ヶ原の戦いに東軍として参加した時に着用したという。兜は黒漆烏帽子形に金箔押しの鉢巻を結んだ形とする。胴は栗色革包とし、胴正面と背面に大きく丸龍を型押しにして、金・銀・朱で加飾する。草摺りは、金箔押切付伊予札を緋素懸威とする。袖は胴と同じ革包の額袖。佩楯も同革で包む。童具足の資料としては面白いものであり、蜂須賀家の当主のものであったろうことは間違いのない事実であろうが、関ヶ原の戦いに蜂須賀至鎮が着用したというから話が変になるのである。烏帽子形の姿や鉢巻の雰囲気、吹き返しの形状、龍文の革の感覚など全く江戸中期以降のものとしかいいようがない。いちばんいけないのが袖の型式で、額袖というのは桃山期や江戸初期には絶対ありえないのである。江戸期の童具足の好資料であるにもかかわらず、関ヶ原の戦いに云々はよけいなことで、この具足に失礼なことと思う。こういう間違いが、堂々と博物館の展示に解説され、印刷物にのってしまう現状は、何とかせねばなるまい。

第二章 相場を中心にした甲冑入門

甲冑刀剣界の現況と今後

一〇〇年に一度の大不況といわれる。このような経済情勢のもとで、衝撃をそのまま直かに受けるのは古美術業界である。甲冑刀剣、いわゆる古武具流通の社会ももちろん、その埒外ではない。生活に不要不急の趣味の古玩品であるから、これは当然といえる。それにしても近頃の甲冑刀剣相場の下落はまことにはなはだしい。五〇年も昔のはなしをもち出さずとも、一五、六年以前、一領完備の中級程度、たとえば六十二間筋兜総毛引威二枚胴具足など、プロの世界でも一五〇万円ほどはした。今は半値である。

刀剣もそのランクを先の甲冑程度でみると、つまり中上作クラス、特別保存付きで現今六、七〇万円。これは一〇年も昔ではなく、昨秋相場の半値という状況である。古刀無銘の一般的刀工極めの重要刀剣はやがて一五〇万円台に突入する。情報社会であるからニュースはすぐ一般愛好家に周知され、購買欲はさらに下落する。

一体これは何を意味するのか。冒頭にあげた経済不安を要因とする、古武具社会における一般的収集家の逃避脱落である。価格を下支えする素人大衆がそっぽをむいてしまったのである。当然ながら彼等に背をむけられたヨロイやカタナは、プロのサークルの中をただ空廻りするばかり。空しい円周運動を繰り返し、そのたびに価格は下落の一途を辿ってゆく。特に延べ払いを主体とする刀剣オークションの場では、今後経営的に問題が出てくる人も現れるであろう。

要は、冬の時代が来たということである。空き腹に飯をつめ込んだように、窮状を急激に打開する妙薬はない。甲冑や刀剣を扱うプロの人々が、今一度改めて脚下を照顧して、真面目におのれの田を耕し苗を植えることである。一人また一人、斯界を支える人々を開植し、愛好家の裾野を拡げる。春を迎えるまでに、地味な努力が問われる歳月が続く。そして王道がない以上、厳寒の嵐や風雪にも耐え昂然と頭を上げて地道を闊歩する姿勢を貫いてゆくしかない。

相場から甲冑武具をみる

甲冑の入門書類はいろいろあるようだが、有名甲冑を紹介して、時代による様式の変遷などを説明したものがほとんどである。従前のそのような簡略ガイダンスではなく、もっと踏み込んだ入門書が欲しいという声を方々から聞いて久しい。踏み込んでというのは、たとえば詳しい鑑別の仕方、楽しみ方、そしてさらに趣味から実益におよぶアップ・トゥ・デイトな価格・相場の指導、賢い購入の仕方等々……である。学問的体裁を繕って取り済ました形式的なガイドではなく、即、実効的に役立つ、売買に絡む腥《なまぐさ》い話柄も取りこんだ活きたガイダンスが、諸賢の望むところらしい。

私は、甲冑武具に係わって半世紀近い人生を送ってきた。研究調査と商売としての二筋道を歩んできた。この道程は、単なる甲冑研究家や、古武具骨董商には理解のおよばぬ、実践しがたい難しい難路であったはずだが、今、振り返ってみると、苦しみの記憶より楽しかった思い出の方が多い。耳順を踰《こ》え、しきりに思うのは、そのような希有の道を無事に歩ませてくれた天恩への感謝である。そして、この魯老が巡りまわった路次に摘み拾いしてきた艸々《くさぐさ》を、後の同行の道のたより苞《つと》にするのも天恩に酬いる道ではないかと考える。ただし、鎧兜といっても考古学に属する上古のものや、一般の者が手にすることのほとんどない中古時代の大鎧等の古制甲冑については略筆する。あくまで主眼は日常的なものに据えることにしたい。つまり、当世具足が中心になる。叙述については一切参考書類は用いない。

ここにスタンダールの言葉を持ち出すのはいささか場違いの感があるが、脳裏に埋没しかけているこれまでの知見を「書きながら思い出し、思い出しながら書く」というやり方でさらに未来を考える。つまりは活きた相場を掴むのが本稿の主眼である。ただし最近は値下がりがはなはだしいので、そのことに触れる私の筆鋒は気分的に鈍りがちになりそうである。しかし「陽はまた昇る」。気をとり直して頑張ることにしよう。

鎧兜に日本人の魂を探る――現実的な話の前説――

最初から、甲冑に係る金銭話に入るのはいかにも露骨であろう。多少、考証っぽい理想論から入ることにする。

古来、刀は「武士の魂」といわれた。鎧や兜については、刀剣に対するほど表立ってやかましくいわれていないようであるが、やはり刀と同じく武士の表道具で、神聖視されたのである。ことに古名家伝来の鎧や兜には必ずといっていいほど一種神格化された伝承があったもので、さらにこれを各武家いちいちに探索の網を広げて調べたら、かつてはどのような侍の家にも、何物にも換えがたい由緒伝歴を保った甲冑が、魂の拠り所として神聖視され大切に保存されていたはずである。つまり、鎧や兜は刀剣同様、もののふの精神そのものであったのである。この最も典型的な例証が戦国甲斐武田家と、重代の「楯無の鎧」にある。

楯無の鎧というのは記録的には武田家だけの専売ではないが、現今一般的に「タテナシ」という場合は甲斐武田家伝世の「楯無の鎧」を指す。この鎧は現在塩山市の菅田天神に国宝として伝えられている、小桜黄返の大鎧がそれだとされているが、後世の改造はなはだしく、まったく別物だという説もあり、実正のところはっきりしない。

現存武田家由緒伝説の鎧考証はひとまず措くとして、戦国期武田家にあった重代の楯無の鎧は、伝来の「御旗」とともに同家における重大な儀式の場合にのみ用いられた先祖新羅三郎義光以来の神宝であった。この旗と楯無の鎧の前で誓言された事柄はいかなることがあっても覆すことは許されなかったから、文字通りヨロイは神であったわけである。このような例は長くなりすぎるので、他を挙げないが、例話には事欠かない。

右に述べたように、鎧兜は武士の魂代《たましろ》であった。わが国の人々がきびしい身分制度で縛られていた昔、その指導支配者的地位にあった士大夫、貴紳が精神の拠り所としていたものが、戦場に命を賭して戦うときの防御道具の甲冑であったことは、一方の攻撃兵器であった刀剣が同様の扱いをうけてきたことと相まって、至極当然のこととして理解できる。

伝統文化の再認

本来は武士の魂の拠り代であったはずの鎧兜が明治以後、実質の尊儀を喪失して単なる骨董品の仲間入りをさせられてしまったことは時代の趨勢とはいえ、哀しいことといわねばならない。さらに第二次大戦後は、日本人の生活様式や家屋事情により一般的には本式の甲冑を飾る家庭など、まずなくなってしまって「鎧兜を飾る」といえば五月人形、つまり節句人形を飾ることを意味するようになってしまった。近頃の日本人は、日本人であるという意味の重要さを忘れてしまっている。妙な民族主義を煽る気など毛頭ないが、日本人が日本人である事を認識しなければ、やがて世界の民族の中から日本人というものは忘れられ抹消されてしまうような気がする。

現今の日本人の個性の喪失は恐ろしいほどである。かつて会う人ごとに聞いたことがある。日本がアメリカや中国の一州に併合されたらどうするか。「別に何ともない」「しょうがないじゃない?」「アメリカならむしろ歓迎よ」。

なるほど、現在の日本はある意味、アメリカの属国といってよい。軍事力など九〇%以上アメリカさん頼りである。独立国の体面などに等しい。いっそ一〇〇%アメリカになった方がサッパリして安心できる⁉ 筆者は政治に係るむづかしい事柄はわからないし興味もないから、これ以上書くこともないが、いいたいことは日本人は日本人の魂の伝統の精神を再認識する必要があるのではないかということである。われらの時代はやがて終わる。このままだと次世代、次々世代、確実に日本人は先進科学や技術革新の分野でも表舞台には立てなくなる。極端にいえば、古い伝統文化だけで立国して行かねばならなくなる。悲惨な養老国家である。ところがその日本古文化の理解そのものが怪しくなってきている。今こそ我々の歴史の由って来たところに思いを馳せ、新しい将来を考えなければならない。そのためには古日本人の魂であった甲冑とそれがもたらした文化についても彰考するのも重要なワンステップと思える。

いささか高遠じみた理屈っぽいことに走ったようだが、鎧兜を認識するのも、日本の将来を考えるのも道はひとつ。その根本精神は〝温故知新〟、日本人の魂を探ることにある。

博物館のウィンドー越しに、見馴れた、目垢だらけの名品を眼だけで追い求めたところで我らの魂の根源が探れるわけでもない。甲冑武具のもつ武家文化の深重さは、そんな生易しい、たやすい、与《くみ》しやすい代物ではない。美と価値を見つけるには対称物との絶え間ない格闘が必要である。格闘の前にそのものの価値認識が要る。こいつが曲者である。一筋や二筋の縄ではその尻尾も捉えることはできない。一万円の半頬にも一〇〇〇万の胴丸にも歴史はそれなりに等しい時間を与えている。つまり「時代」である。花は美しい。しかし花が美しいわけではない。花は自分が美しいとは思っていない。認識は観る側にある。

同様に甲冑武具価格に「絶対」はない。あくまで相対的なものである。しかし、その「相対」は総体的なものを含んでおり、これから述べていく価格論はその相対的話である。そこには限定的なマネーが認識する「絶対的」なものがある。ややこしいようだが、要するにモノには格があるということである。素人がよく言う。「骨董品なんて、もともと値が有ってないようなもんだ」。この台詞は第一級の「素人証明書」である。だからボロイ儲けをするのだ、と彼らは一様に思いつつ、内心羨みながら表面的には軽蔑の目付きをする。勝手に思わせておけばよい。

モノには一定の格があって、その格に応じた値段—相場—が厳然として存在するのである。

収集と相場の偏重

モノの価格は需要と供給のせめぎ合いで決まる。国家専売や独占販売でない限り、これはすべての物価に適用される。甲冑武具もこの例外ではない。

ところで、古甲冑類の愛好収集人口は、数ある古美術分野の中でも最も少ないといってよい。焼物や書画は、草木にたとえれば膨大な歳月を年輪に重ねた巨木の幹であり、その細部は細かに枝分かれして、今も緑鮮やかに繁栄している。比べるに鎧兜の世界は、その歴史において土と帛紙を土台に人工を施され成立した、陶磁器や掛軸類に優るとも劣らぬ歴史背景をもちながら、深山の奥に細々と生を保っている一本の老樹のごとき有様である。要するに愛好家の絶対数が少ないのである。この理由の大要は既に述べたところであるが、もう少し突きつめて言えば、わかりやすそうで、ややこしい。約束事がありそうでありながら、それを理解するのは容易ではない。まるで千変万化、どこに定則があるのか。これを具足一領でちょっと考えてみても、一作物の鑑別、さらに各部の製作時代の区別、つまりオリジナルと再生品の区分け、これだけでも一般素人に、識別は困難であろう。

簡単にヨロイ一領といっても、鉄、銅等の金属、皮革、布帛、牙骨等の原材料を組合せ髹漆《きゅうしつ》加工を施して成立した、いわば総合芸術品であるから、「甲冑がわかる」ということはそれらのおよそすべては理解できなければならぬことになる。よほど好きでないと、この道は難しい。第一はじめにも書いたように容量が大きいから厄介である。そしてさらに言えることは、他の美術品に比べこれまた遺存品の絶対量が少ないことである。

右のような制約があるから、最近、甲冑類を取扱う人々はその方向に偏りをみせるようになった。ヨロイ一領は、場ふさぎであるし、展納が面倒である。第一、総合的価値判断が容易でない。むしろ、ヨロイを構成している単一部品にターゲットを絞った方がすべての点で与しやすい。ここで、コレクターの収集偏向が始まる。一番いいのは兜と面具である。どちらもわかりやすく、ハンディである。なんといっても兜と面具は鎧全体を代表する「顔」そのものでもあるからだ。こうなると需要は兜と面具にのみ集中し、他のヨロイのパーツは閑却されてしまう。その最も象徴的存在が、具足の胴である。

武人の身体を守る「物の具」、これを構成する主体部は兜と胴であることは自明であるが、兜はさておき、胴の時代による現今趣味人の評価と処置の程度の相違は大きい。甲冑の胴は単純ではない。中世末期以前の胴丸や腹巻となると、単品でも安くはない。もちろん保存状態によってその価格は大きく左右されるが、その状態の枢要《すうよう》なところは金具廻りと韋所《かわどころ》である。金具廻りの欠損、変改、補修と、韋所の原初状況からの変容の度合いである。もとより胴本体を構成する小札の状態が第一に先行することであるが、その次の大切な見極めどころが、右の二点である。しかし、中世以前の胴丸腹巻において、右等の状況を完璧にクリアするものなど残存していない。問題は改補の度合いである。

近頃は例えば八双金具など、室町古作を複製したものが多いから、生ぶなりの金具など余《あま》り残されていないと考えるべきである。現代の甲冑師はほとんど真面目な人が多いが、中には商売中心の質《たち》の悪い人もいるらしい。例えば古い金具を全部取り換えたりする者がいるという。古い小札なども部分部分を江戸期の小札と入れ換えたりするようだ。

油断禁物である。自分は目利きであると自負している研究家やコレクターほどこの種の誤魔化しにひっかかりやすい。

胴丸や腹巻の相場

一般的に巷間に流通しているものを、基準にすると、その価格は三〇〇万～五〇〇〇万円位と考えてよい。しかし、初心の数奇者はこのようなものに最初から手は出さぬが第一である。このような高価なものには、さまざまの認定書や鑑定書がつきものであるが、これに全幅の信頼を寄せることは危険である。これらのいわゆる鑑定書の類については、その都度触れておいた方がいいから記しておくが、審査認定において、その事柄に関し全責任を負ってくれはしない。当然のことであって、いざとなると右論があれば左論があるなどということになる（事実はそうではないのであるが……）。

あくまで、古物は買う者の鑑定力が第一である。責任は自分にのみある。認定書や箱書、添状の類を称して、これを見るプロの人たちは「ぼやき」あるいは「ぼやきまくっている」などという。あまり綺麗な言葉ではないが、真実をついたきつい言葉である。一般にぼやくとは不平不満をぶつくさ言うことである。古物品に言う場合のぼやきは、ものの宣伝と保証を懸命に補語したものであるが、その性格は謂わく言い難い。多くは臭気甚だしく奇怪な性質を具えているのである。

古式胴甲の見直し

いわゆる中世の胴丸や腹巻など、もうとっくに出尽くしてしまっている。どこにも顔を出していない生ぶなものが新たに発見されるなど、まずあり得ないといっていい。

川崎千虎によって『国華』に発表され、『日本甲冑之新研究』(山上八郎著)その他いろいろの関係図書に紹介されながら、そのいずれもがスケッチであって実物写真の存在しない牛久藩主山口家伝来のいわば幻の腹巻(南北朝)が近年再発見されたが、これなど極めて希な例である。我々はここで一度おちついて胴丸や腹巻という前時代の古式胴甲の真正の価値について再検討をする必要があると思われる。

甲冑を蒐集愛好する者は古い兜を除くと大抵この形式の胴甲に憧れる。自覚した大した理由がそこに存在するわけではない。要するに残存数が少ない貴重品だからである。しかしよく考えてみれば、世上一般に遺存するこの種のモノに、優れた美的要素を見る者にもって迫るツワモノはない。大抵はヨレヨレの傷だらけの体を取り繕い、厚い化粧を施して出直りさせた、欲が正味のお世話もので、正真の美など存するわけがない。そこに強いて美を見出すとすれば、目を凝らして深読みしなければならない滅びの美か。しかし大方の好者《すきしゃ》にそんなことは関せずである。数が少ない、そして高価な一般にわかりにくいものを所蔵するという「高尚」さを気取った金持ちの自慢である。

不完品がほとんどであるこの種の古甲を、これからの愛好家は左様に蒐集しない方がいい。先人が唱えてきたお題目の繰り返しはもうこの辺でやめようではないか。

近世胴甲の再認

右の古胴甲に比べて、非常に粗末に扱われているのが、桃山以降（ほとんどは江戸期のものであるが）の胴甲である。いわゆる仏胴、二枚胴、仙台胴その他呼称はいろいろあるが、近年、これらのいわゆる当世具足の胴の価格の下落は甚《はなは》だしい。

ここでひとつ言っておかなければならないのは、右の胴よりさらに格下の足軽下卒所用の胴である。足軽の胴ばかり集めて楽しむのも悪いとはいわぬが、もとより下手趣味にすぎぬ。足軽用の安物胴は消耗品的性格が強いので、古いものが残されない。ほとんど再生に再生を繰返して用いられる。中に石田三成の家紋など入れたりしたものがあるが、もちろん、後の仕事である。そのようなもののオリジナルを見たことはない。井伊家足軽の胴に時に慶長元和期のものをみかけるが、やはり絶対的といっていいほど、後の手が入っている。

再認識を要するのは桃山以降、士《さむらい》が用いたさまざまな胴についてである。

近世胴甲の地位

重ねていうようだが、近頃、まことにもったいないと思うのは、近世胴甲――つまり当世具足の胴の粗末な捉われ方である。要するに残存数が多いのである。具足の胴は兜や面具その他部品と寄せ集められ一領の具足を皆具させるための条件的部品としての地位しか与えられていない。格が低い（これは近古以来趣味人が勝手にそう思いこんで扱ってきたからであるが）から単独で飾られる資格がない。よほど変わった打出細工のある鉄胴とか、異国風南蛮胴でもない限り、具足の胴だけでは雰囲気を作れないとされているのが現状である。ここは一度考え直す時が来ているような気がする。

具足の胴の価格

具足の胴は構成様式によって結構多様なので、いちいちここで種類を列挙する煩わしさは避けるが、本小札の丸胴のような丁寧な作品は別として、一般的な板物構成を主体とする胴は三万五〇〇〇円から七、八万円がプロの世界における一般的相場である。本小札製であると、状態によることもちろんであるが、一一、二万〜二五万の範囲というところか。それにしても安いものではないか。それは独立性を持っていないからである。一般に中世のものとみなされてきている胴丸や腹巻（実は時代の降るものが、誤った鑑別や個人的錯覚によって室町時代とされているものも少なくない）が、実際の価値以上に値が高いのは、ただ希少というだけで充分な価値認識のできない愛好家によって尊崇されることが多い。それに比べ当世胴ははじめからその圧倒的残量の多さと、持ち味の散文性によって卑《ひく》い値を与えられている。この淋しさを愛好家は再考する義務がある。

当世胴の蒐集

右の点から考えると、当世具足の胴を蒐めるのも面白いのではないか。愛好家の中に、そういったアマノジャクが一〇人も増えたら、相場は変わる。ホントに、この世界は市場が狭い。当世の胴ばかり一〇〇点蒐めてやろうという人が何人かいたら、再認のきっかけになること間違いないのだが。それが難しい。第一場ふさぎだし、そしてそれが一体何になる？　この問題にぶつかると、対象物が何であれ、大概のコレクターは真の意味を喪失する。

当世胴を楽しむ

世の愛好家はせめてもう少し、当世具足の「胴」を見直してみようではないか。その種類多様、その構成多岐。細部にわたって検討してみると、なかなかどうして、楽しいものである。本当は、実用の点から考えて、もののふが最も常用したのが胴である。兜はもちろん重要であるが、戦時常にかぶっているものではない。大抵は従者に持たせる（出軍中、兜を櫃に入れて行動することは、まず一般的に停止されていた）か、兜立にたてるか。身につけてもいわゆる猪首着なしを崩して半分背にかけたような無精負いで、イザという時にのみ着用したものである。しかし、胴はいくさ立ちとなったら大抵身につけている。文字通り「よろう」の本体である。本来、胴甲のもっていた本義を忘れぬようにして、改めて、個々の愛甲家が、具足の胴を見直すことを奨めたい。

兜のこと

話が前後して、胴の方が先になってしまった。これからしばらく、よろいの中心部品である「兜」について語ることにする。

一般に現在世に在る兜のほとんどは江戸期のものである。古美術の時代区分でいう「桃山」に属する慶長〜元和のものもあるにはあるが、その時代のままに存するものは意外に少ない。近世の遺品でこのような現状であるから室町以前となると生ぶなりのものはほとんど残されていない。

甲冑愛好家は大別すると大略二種に分けられる。何はともあれ、残欠でも古時代の遺物を尊崇する「古時代主義」、もう一方は、時代はさして重視せず、品物の完備と保存状態を大切にする「状態第一主義」。簡単にいってしまうと前者は玄人筋の人が多く、後者は素人衆が多い。

古時代の兜

右の流れからゆくと、古時代の兜、つまり鎌倉の星兜〜室町の阿古陀兜は完全にこの道の玄人の愛玩世界になる。これがなかなか難しく、ウルサイ世界である。

鎌倉の兜はシコロまで当時のままに近い状態で完備したものは、そのほとんどが社寺の宝物であり、既に一般世間には出尽くした感じで、世上にウロウロするものはない。今、仮にそのようなものが、売買の世界に現存したら、まず「盗品」を疑う必要がある。古時代物収集家が目指すとすれば、鎌倉の「兜鉢」であろう。これならまだ一般収集家の手の中に存するものもあるから、運に恵まれ努力すれば、その流れから手に入る可能性がある。

むろん世上にある「鎌倉の兜鉢」といってもたとえば箱に綺麗に収まっている、いわゆる伝世のお品となると容易ではない。そのようなものには大抵いわく因縁がついている。見方をかえていえば厄介なアクセサリーである。このような伝来、所詮は……などといえば、所有者がヘソを曲げてしまうこと請け合いである。ゆえに厄介である。なかなか上手に買い入れることは難しい。

また左様な別格品には立派な文言がつきものであるから、表向き容認しておくのが、古物に対する一種の度量だ。その程度のことを摂り入れる肚《はら》がなければ、「カマクラもの」は遠いのである。

鎌倉鉢入手の別法

おのれのしっかりした鑑識眼があれば「鎌倉鉢」を手に入れる別法がある。

現存する甲冑類は九〇％以上が江戸中期以後の当世具足ないし、復古の中世風ヨロイである。これらのヨロイの中に、ごくまれではあるが、古作大時代の兜鉢を再利用しているものがある。後述するが、室町の阿古陀鉢と異なって、鎌倉や南北朝の古鉢の姿形をしっかりと鑑別することは実際的にはかなりの眼力が要る。特に素鉢としてみる場合「南北朝モノ」（おおまかには鎌倉期に含めて考えてもいい）が難しい。

ここまで書いたとき、本稿を読んでいる甲冑愛好家である知人から電話をもらった。大変勉強になるが、なぜ一枚も写真やカットが載らないのか云々。なるほど至極もっともな話で同感である。特にこの種の説明をより的確にわかりやすくするためには画像が必須である。いきおい本稿の説明がネガティブになるのは仕方ない。問題は編集上のスペースの関係であるらしくて、筆者の責任ではない。いずれ他稿と交えて一本にまとめるようなことになれば、存分に写真類を掲載すること請合いにしておきたい。

さて、前の続き。南北朝のものは鑑別が難しい。しかし「南北朝」という時代区分が、そもそも後代の人間が一方的にセクションに当てはめようとして無理強いしたような窮屈さがある。この時代はおよそ五〇年くらいの期間しかない。その前半は鎌倉時代の余喘が濃厚に残り、後期には室町の胎動がある。特に皇国史観全盛の時代はシンボリックかつ容易ならざる時代であったからいまだ年表的には堂々とした地位を占めているが、実はわけのわからぬ奇怪千万な激動の時代である。この南北朝の兜の鉢の中でも単純な筋兜が難物であり、それだけに紛らわしいけれど、意外に古具足などに再利用されているから、みつけると楽しいものである。発見したら、兜ないし、鉢だけを保存するのも一法である。

鎌倉古鉢の様態

たとえば頼朝の時代の古兜ならば、様式的には「カマクラ」ではなく「ヘイアン」形式でなければならない。一枚張打出あるいは間数の少ない厳星で、当然ながら八幡座の穴は大きく腰巻にも同様の星が打たれているのが時代の約束である。ただ、後代には腰巻の星は削られ、八幡座の穴は裏鉄を貼って縮小されているケースが少なくない。そんなものにも出会えるコレクターは武運ならぬ兜運に恵まれた幸せ者といってよい。左様なハナシは夢のような昔噺と化している。

相対的な話

先日、知人の業者に会ったとき、本稿についてこんな話をして来た。「プロの買入相場が素人にわかってしまうと、商売がやりにくい。もう少しぼやかして書いてもらえまへんか?」

「そう、そんなに影響力があるのなら、それは結構」

返答したが、考えてみるまでもなく、それほど精確な値段上のことを書いたわけではない。読み返してもらったら明白なことだが、筆者の書いた「相場」というものは、その熟語自体が示すごとく、あくまで相対的変動性のあるアバウトなものである。それが一つの目安として役立つということはいいことである。プロはその上で、「しかしこれはかくかく、しかじか……」と、講説を垂れて附加価値とする知識と能力を有しなければならない。これからのプロはそのための研究と勉強が不可欠と認識しなければいけないだろう。仕入れたものを右から左へ動かすだけで、簡単に生活の資が稼げるようなら、こんな楽で面白い仕事はない。もとより左様なことは皆知っていることだが……。プロは自分の目でモノをみて、買う。それが一般には仮に平凡なものにみえても、その人のメガネには一味違う風態が写っていなければならない。そうすると既にその「モノ」は凡ならざるものと化しているはずである。古いモノを扱う世界で、成功する人物は必ずそういった他のヒトとは異なる解釈と視線をもっている。相対を一種の絶対とする能力である。これが基本で、土台であるから、プロも素人もその『相対的』な基壇の上に立って、曰く言い難い価格上の加除の作業に励まなければならない。

古物に対する民族性

先にヨロイカブトにおける価値、価格について「相対的」なはなしをごく大雑把にしたが、このような古美術に対する姿勢というものが日本人と、外国人とでは相当に異なるのではないか。筆者は甲冑武具の世界でのそれしか知らないが、海外のプロを含む愛好家はあまり「モノ」を相対的にみてくれない。一言でいってしまえば、「古いものだから、ある程度の欠点はしかたない。許そう」という寛容は美徳とはしていない。個人の意思を超えた妥協は彼らにとって一種の精神的敗北を意味する。たとえば、当世具足の胴を例としてひく。一口に具足の胴といっても、全うな胴には、いろいろな部材が付属している。小鰭、襟廻、合当理、受筒、待受、下散等である。浮張や乳鐶もあれば、欠失していては不完となる。

ところが、古い生ぶ出の胴の場合、右のような品々が揃っていない場合が多い。受筒や待受の欠失など当たり前のようである。日本の愛好家は、このような時代的欠如を比較的容易に認めるが、日本文化を十分に認めている人はともかく一般の外国人はうるさい人が多い。完備していないとダメで他所の胴から合う部品を探し出してでも欠を補おうとする。一種の完全志向は、西欧の絶対的観念主義から来ていると思われる。外国には「ゴッド」が厳然しているが、日本人はこの絶対神に対応するものをもっていない。古来から体質としてこれを嫌う傾向があるらしい。これはキリスト教と日本の宗教を比較するとよく理解できる。儒教に対する日本人の姿勢を考えてみる。古い朝鮮貴紳階級における儒教に対する絶対的讃仰の姿勢と、大和人のそれにおけるスタンスの違いは大きい。日本人は相対的でアバウトである。ご都合主義といってしまえばそれまでだが、日本人のモノに対する相対的な姿勢はものごとに融通を利かせる余裕のある点で、民族性として大変考察に値する特異性をもっている。そこに日本のさまざまな古文化が融合して育ってゆく可能性が大きくあったわけである。絶対的なものに距離をおく志向は今後も古文化、たとえば甲冑武具の研究や価格を考える点でも閑却してはならないことだと考えられる。いかにそれが狭義瑣末《さまつ》な事柄であったとしても。

歴史ブームの陰で

少し主題の相場論から離れた理屈っぽい話に字数を費やしたようである。有体にいえば、本稿のような俗なテーマから離れた甲冑文化論を展開したいのが本音であるが、本題に戻ろう。

近頃はマスコミの歴史ブームのせいか、若い女性の歴史ファンが増えたらしい。彼女らを総称して歴女などというそうな。特に女性向けにイラストレイトされた戦国武将のキャラクターなどが人気とか。それかあらぬか、ある知人の話では新物の古作模造ともいえない粗末な擬似ヨロイが、着用とされる武将名にちなんで、ものによっては一〇〇万円云々とかでテレビで紹介されたりしているらしい。筆者はそれを実見していないので確実なことは言えないが、たしかに近頃は復製の文字を冠することも憚られるヨロイもどきを古物市場でみることがあるからそのようなこともあるのかもしれない。

断っておくが、真面目な復原作は考証や製作に大変手間暇のかかるもので、安くはないのが当然である。そして、それは後世に残る貴重な価値ある仕事である。が、これとは異なる歴史ブームに便乗した粗悪なまねものヨロイを、何も知らぬ人が購入して、甲冑とはこのようなものかと誤認されるのは有難いことではない。先のテレビの紹介の件が事実だとすれば、真物を扱ったり収集している人々は一寸見ただけで価格が甚だしく相応でないことを知るだろう。購入者もやがて支払金額が妥当であったか否かに気付くはずである。これらのコピー商品のことは実は知人の誤認であって、本当は重厚な手の込んだ佳作であることを念じたい。

とまれ、右のような奇妙な事態のためにも、現在における真物の甲冑の正しい相場、価格を記しておくことは、その数字がたとえ相対的なものであっても必要であろうと思う。

室町の兜について

鎌倉の兜のことはごく概括ながら既にのべたので、順序として、室町の兜の価格に関してふれてみる。

室町時代の兜といえば、すぐに脳裡に浮かぶのが「阿古陀形筋兜」である。室町期の阿古陀形の兜は、たとえば一見ではわかりにくい南北朝の筋兜などより遥かに人気がある。姿形に特徴があり、それが明解であるから安心できる。古甲収集家が第一に目指す単品が阿古陀の兜。それも総覆輪桧垣二方白といったところである。しかし、当然ながら鞠まで往時のままの生ぶなものは稀有である。そのような完品は相場の埒外《らちがい》にある。売手と買手の力量次第。綱引き、駆け引き次第で価格は大きく異なる。そして、このようなケースは大概、売り手市場で値が決まることが多い。数がないものだから買手の欲求が強ければ、売り主の「ここまでおいで」の手招きに従うよりほかない。一般にみられるのは阿古陀の総覆輪でも鞠のない兜鉢だけのものか、江戸期の鞠を後補したものである。

一昔前はこのようなもので、室町末~桃山があれば三〇〇万あるいはそれ以上の値がついたが、今はだいぶ下落した模様である。状態や後補の有無加減で差し引きが必要だが、前記より五割はダウンしているのではないか。阿古陀の兜だからといって総覆輪ばかり追いかけるのは、高級な収集家ではない。第一、そんなことは不経済である。覆輪や桧垣のないただの筋だけの阿古陀もただ今となっては捨て難い。女性でいえば素面の時代顔をした鄙《ひな》の美人にでもたとえられようか。

素朴な中に雅味《がみ》がある。大抵は黒漆塗りで、比較的間数は荒いが、四天の鋲と響きの穴は血統の良さを物語っている。中には鋲を削り、穴を填めているものもある。そしてこの種のものには大抵江戸の鞠が装置されている。神経質なむきは江戸の匂いを嫌って兜鉢だけにする人もあるが、気にせず、そのままの状態で賞玩した方が良い。

この種の阿古陀兜は値に幅があるが、一〇数万から一〇〇万までであろう。

春田在銘の阿古陀兜

注意したいのは、銘の有無である。ゆらい阿古陀形筋兜は、主戦者が馬上重装備の将であった鎌倉期の戦法と異なり、軽兵が主体となった徒歩白兵戦の様態に適合すべく前代よりはより簡易軽量を目的として製作された新型式の兜であるが、残存品の数に比べると在銘品が比較的少ない。

古作で有名どころの代表は光定であるが、他に宗次や光信あたりもブランド銘である。これらの在銘品は室町季世に属するので、とくに総覆輪鉢の場合、刻銘のない方がより古作に擬せられるから歓迎するむきもある。しかし、やはり個銘が入っているものは資料的に貴重であるから尊重すべきである。一般的な阿古陀兜の場合、前記のような在銘品は三～四割価格的にアップを考えるべきであろう。

阿古陀兜の衰退

室町初中期を通じて士将の間に盛行した南都春田系の阿古陀形筋兜は、その末期に至ってにわかに衰退の色をみせはじめる。原因は、鉄砲の多用による戦闘の変化である。以前の春田系阿古陀——特に総覆輪桧垣付など——はこれが武具かと思わせるほど、優美な姿形をしていたが、しかしそれだけに脆弱《ぜいじゃく》な点があった。構造的にいえば、鉄の矧板《はぎいた》の数が少なく（間数が少ない）、重ねが薄く、さらに鉄のカラクリ止めが甘い。現今、空手の道を少し噛った者が力を入れて叩けば、素手で十分破壊できるほどに弱い。これでは鉄砲にむかえない。

ここで登場してくるのが、明珍や早乙女と称する甲冑師が造り出した間数の多い星や筋兜、特に代表的構造的姿形を取りあげると六十二間の筋や星兜である。一般的にこれらの間数の多い兜は基本的に鉄の鍛えもよく、矧ぎ重ねがしっかりしていて堅固である。太刀打ちはもちろん、銃撃戦も耐え得るしっかりした構成をしている。戦争が熾烈化した時代に相応する、新しい形式の兜の登場である。もちろんこのような間数の多い手の込んだ兜は、上級士将の所用に係る高級品であって、一般の士が平均的に常用できたものではない。室町末戦国に至って一般の士卒が用いた兜については後説するが、まず間数の多い新流行の筋や星兜の価格について言及することにしよう。

六十二間の兜類

間数の多い兜の最も一般的なものは六十二間である。もちろん、それより間数の多いものもないとはいえぬが、六十二間は多数の間数をもつものとしては最も普遍的である。六十二という間数ないし、その数字がなぜ多用されたのかの考証はここでは述べないが、この間数の星兜や筋兜が、一般的な上級者用兜として、明珍、早乙女を代表とする甲工によって戦国末から江戸にかけ盛んに製作されたことは既によく知られている事実である。

ここでようやく本題に入ることになるが、ごく一般的にいって同じ間数でも無銘の場合、星兜の方が筋兜より評価が高い。このことは当然であるが、しかし、意外に同じ六十二間でも星兜より筋兜の方に保存状態のいいものが多い。ひるがえっていえば、六十二間無銘の星兜の方に――時代の古い戦国期の遺品が含まれていることが多いということである。そして、当然ながらこの種のものはおおむね保存状態がよろしくない。

以上の諸点をふまえ、無銘の六十二間星兜の価格をいえば二五万～四〇万、同じく筋兜で二〇～三五万あたりであろう。

一方、在銘の同類について。まず明珍およびそれに類する系統のもの。古来からやかましいのが信家。この信家についてはほとんど詳しいことはわからない。まず第一に姿や形から良否を考えなければならないが、一般の愛好家にはとても難しい。姿形が合格すれば銘の検討ということになるが、その逆をみるのも容易ではないが必要だろう。

古い兜の銘と価格――信家・義通など――

簡単にいってしまえば、信家の花押や作銘のあるモノは大抵が偽物である。一応正真銘とされている花押のある信家も、花押そのものが当時の貴族や大名士将の用いたものとは違って異形である。もちろん、鍛冶の用いた符牒に近いサインとみればよいのかもしれないが、その点、研究は沈黙している。第一、甲冑師が字を識っていたかどうか。刀鍛冶のように、何処かの能書の坊さんに銘字の下書をしてもらい、それを下敷きにして切っていたということも常識として考える必要があるかもしれぬ。

さて、その花押信家であるが、かつて初二代説やまた個別の銘の下に「作」を切る「作信家」と称するいわゆる別人信家の存在など、いろいろいわれてきたが、定説のごとくにみえて、実のところ定かではない。それらはまだまだ、実証的な研究ということになればその途上までも行かない、いわば手つかずの世界であって、後賢の登場を待たなければならぬのが現状である。

たとえば刀剣の世界を例にあげれば文化財的なものとして確定されたような有名古刀の中にも、現今では否定されるむきもあるという。新刀有名鍛冶の銘のごとく一字一画寸分違わぬに近いような銘字を古刀の刀匠までもが切ったわけではないことくらいはわかる。何ごとも大まかな時代であるから、単に銘字だけでの判定はあぶないことになる。

兜の作者の銘字についても同然で、古刀期に属する信家や義通の作銘をあまり杓子定規に考えるのも情のない話である。要は姿形そして作域が第一であって、その為に必要なことはたくさんの数に当たる、実際身銭を切って眼を鍛錬することしかない。しかし数量さえこなしたらいいわけではない。素質がないものには最初から無用の苦労であるから、せぬ方がよい。甲冑に限らず美の鑑賞、鑑定には第一条件として、字や言葉で説明できなくても、そのツボを心得る勘がないといけない。

信家や義通の銘も、刻銘がまずその時代の書として体裁を、つまり約束を満足させているか否かである。真物はそこにひとつの明確な犯すべからざる格をもっているというべきか。

右のような銘字の左右は別として、現今、一応真物と看做し得る信家や義通、あるいは早乙女の古いところがあるとする。何か保証書のようなものがあったところで左様なものは前にも書いたかと思うが、当てにはならない。

そのようなものを基準にしての話ではない。その人、あるいはその人にとって判断の頼りになると思う人物が真物とみなしたとしての、スタンダードなものとして以下の価格のはなしである。念のためいうが、本小札の大吹返、飾金物をふんだんに使った大名物仕立の鞠などのついた同名の兜などは論外である。

きわめて抽象相対的な記述になるが、信家で下限七〇〜八〇万。義通が同じく信家に一〇万アップくらいであろうか。信家より義通を高く評価する理由は主に遺存数の多少による。以前、信家には小星兜がない等といわれたが、すぐれた星兜を過去に数頭発見したことがある。全国的に視野を広げれば、まだまだ発見の余地はあると思える。

低すぎる価格

一口に六十二間の星兜と簡単にいうが、その一間あたり、物により少量があるがおよそ二〇数点、ものによっては三〇点以上の小星を打つ。これは一つ一つが矧板の留め鋲であって、その鋲数を打つ手間を考えると、気の遠くなるものがある。こんなに手数をかけた数百年前の古武具、侍の表道具である甲冑の主役である兜が、一般的には数十万円であってはいけない。他の古美術品の価格と比較しても実が勝りながら、価格がついて来ないのが鎧・兜の人気である。

ところが、不思議なことに甲冑に興味をもっていない、いわゆる縁なき衆生がさて何か兜を実見すると、大変高価なものと判断する。あるいは思いこんでいる。興味がないとリスクはない。リスクがないと責任がない。大した誤解をしても問題はないのである。

六十二間以外の筋・星兜など──根尾正信──

「六十二間以外の筋兜・星兜」、これは早い話、明珎・早乙女を除外した兜類を概括したのであるが、随分と種類が多い。

表記以上の間数、特に手の込んだもので知られているものの代表が根尾正信である。正信は百間以上の筋兜が常識であるが、結局は技巧を衒《てら》って趣向を凝らすことに精を入れたものゆえ当然ながら実用には弱い。

しかし、現代は戦場に赴くわけではないから、かぶって都合がいいか否かは問題ではない。外見上の精緻の度合いが評価の根本であってこれが即相場となる。

しかし、正信のいい作品は数が少ないので安くはない。中には二百間をこえる筋兜があって、いかにも江戸時代風であるがこのようなシロモノは「相場」というマナ板に容易にのせられない。一種出合い頭のような気味のものである。売主、買主しだいで一〇〇や五〇の差などすぐに生じる。この一斑《いっぱん》をもって、あとは判断すべきであろう。

正信の筋兜の鉢裏刎ぎ板は立涌形にたっているのが定則のようにいわれるが、全てがそうではない。常識的な間数の作品は他の甲冑師の作にかかわる刎ぎ方と同じである。間数が多いと留め鋲を詰めて打てないので、互の目に打つ都合上、波形の刎ぎ板になってしまうのである。

正信の銘はやや大振りで、タガネは浅い。更《さら》に大振りで細くひっかいたような春田光定とくらべると字勢は弱い。これは桃山と江戸の時代の相違であろう。

ところで根尾の銘を冠した間数の多い現代物の兜鉢が巷間に出回っている。製作者はもう大分以前に亡くなっているが、筆者も面識のあった根尾という人で、本人の名前が根尾であったから偽物ではないわけである。もちろん偽物を作るような人ではない真面目な人であった。

これが現在、いくらか時代がついて、古作と間違えて買う人がいる。あるいは古作といって売る者がいるのかもしれない。要注意であり、悪意のなかった製作者の為にも明確に断っておきたい。

長曽祢、馬面

「ナガソネ」といえば「コテツ」とくるのが、刀剣界の大常識である。そして「コテツ」がもとは甲冑師であったことも、この世界の既に古典的常識となっている。ただし、「コテツ」と仮名書きするごとく、「虎徹」の銘を冠した甲冑類にほとんど正真のものはない。

虎徹の先祖は江州佐和山(彦根)の大郷であった長曽根村の出身で、越前へ移住した。後年、虎徹自身彦根を訪ね、簡単な武具を拵えているが、小柄や馬の轡《くつわ》の類ばかりで、刀はもちろん甲冑類は何も作っていない。(『甲冑武具研究』第一〇〇号平成五年五月筆者論考――長曽祢光正具足と虎徹の彦根駐鎚)。

甲冑師として名が上がっているのは虎徹よりも利光や興寛である。彼よりもさらに古い長曽祢派の函人《かんじん》には長曽祢光正がいる。利光は松平忠直の具足を製作しているし、分藩の松江の神社にサザエの変り兜があるから、本国は虎徹同様越前であったことが窺われる。興寛は大洲や水口の加藤家の具足製作に関係している。いずれもほとんど巷間《こうかん》では姿をみない。

長曽祢光正は元和八年記の本多富正所用甲冑を伝えるのみで、これが現在のところ長曽祢派の製作になる在銘最古の遺品である。本多富正は越前松平家の家老であったから、やはり光正も越前函人であると考えられる。こうしてみてくると長曽祢派は越前を主な活動の舞台とする甲冑師であったと推測される。

長曽祢利光の作で錐形に伏せ鉄を施し銀蒔流しを施したような変り兜を扱ったことがある。数十年も昔のことであるが、意外に安く二五万円ほどであった。近頃のように外国のバイヤーやコレクターがあまりいなかった時代である。長曽祢派の姿形《なり》のいいものは今はほとんどない。世間で目にするものは、なんとなく長曽祢モノといっても、野暮ったいものが多いがなぜなのだろうか。これから気をつけなければいけないのはこの派名を使った偽銘の兜である。この派口のもので二〇~三〇万円の安モノはないと思っておけば怪我はない。

六十二間以外の筋・星兜など

―馬面―

同じ越前の甲冑師に馬面派がある。肩の張った多少田臭のある個性的な鉢形成をするのが特色で、銘も矧板の裾、一間毎に一字ずつ横にきる。もとは白山のふもと越前豊原で、長畝《なうね》村辺に居住していた鍛冶集団である。のち、越前家家老本多氏の命によって丸岡に移住、馬面を称するようになったといわれるが、それは大坂陣の前に本多氏の命により種々拵えて差上げた武具の内、馬面の出来が大変よかったからという。馬面派在銘の兜は比較的希少品に属するので人気がある。在銘の六十二間星兜の完品であれば一〇〇万円前後であろうか。

―岩井、左近士―

岩井という派名を冠する函人の系統は甲冑師として最も古い部類に属し、門葉各地に繁栄した。江戸期にはいずこの岩井がどこの岩井から派生したやら、極端にいえば明確な区別がつかないほどの流行ぶりである。

南都を出発点、本拠として、これほどの隆盛をみせた岩井派であるが、現在その作になる甲冑を部分の単品としてみた場合、特別視線を奪われるほどのものを見ない。その理由は、岩井氏が鍛えの家ではなく、甲冑の仕立てや構成を専らとしたところにあるのではないだろうか。鍛えは文字通り甲冑下地を鍛え、一次加工品に仕上げる職方で越前方面などでは「バンコ」といわれる。明珎や早乙女がその代表的なものだが、岩井はもちろん鍛工としても腕はふるったであろうが、むしろそれよりも先にあげた一次製品をトータルコーディネートして一領の甲冑に仕立てる仕事が主な腕のふるいどころではなかったか。いわゆる具足屋としての仕事である。

そしてもうひとつ岩井が得意としたのは、革具足である。鉄を主材とせず、革韋（皮）を中心に甲冑全体を造成する。これを煉（革）具足というが、よくできたものは刀戟はもちろん、鉄砲の玉にもよくたえたという。この関係で、岩井の作品には朱で銘を書いたものが多い。足軽の数具足の胴などに修補の朱銘を入れているのは大抵岩井である。各藩に抱具足師となったものの主流が岩井であったからこのなりゆきは当然である。

左近士の系統も、もとは岩井と同様の作り口が窺われるから、末は別れていても、もとは同じ根の気配である。

これらは函人の老舗であるが、先にも書いたように、それほど印象に残る作品は少ない。これは鍛えの技術を誇示する当世風の道に専念することを明珎や早乙女に譲った結果であろう。江戸泰平期を控えて、流行に聡《さと》い明珎や早乙女はヨロイカブトが武士の玩弄《がんろう》趣味品に化してゆく将来を見据えていた。無用なほどに鍛えあげ、精緻な細工を施して外見の技術を誇示してゆく彼らに対し、岩井派は背をむけた。いや、王道を行ったという方が正しいかもしれない。具足は見せ物ではない。要はいかに実用時で防御性があるかである。もちろん、この岩井の志向は江戸全期を通じて各藩の人々に了解されていた。過去の繁栄はそれを示しているが、現在は岩井ならではの鍛えと技巧というものをアピールした鉄製の兜や面具、あるいは胴等ほとんど巷間に見ることはない。そのわけは右にも述べたように、岩井は製作の第一眼目を甲冑が実用から離れ飾り物となって賞玩される時代にまで備えるほどの先見性をもたなかった。つまり後世のニーズに応えるサービス精神をもっていなかったからである。断っておくが、これは岩井にとって不名誉なことではない。ここにいう製作の第一義は「その先」を看取する動物的本能——進歩的感覚である。岩井は甲冑界の大御所的存在、古典的象徴的存在であったのだ。いきおいその家風は保守退嬰《たいえい》となり、時代に遅れる。現今から振り返れば、そのようなことが明歴々にわかるが、当時の一般にはわからない。まして岩井は座して充分に喰える。函工の世界の名流としてその由緒伝統の名の上に胡座をかき続けることができた。

右のような因縁を考えてくると、現在に至った歴史の結果は必然であろう。岩井及びそれに準ずる左近士等の甲冑類は仮に銘があっても作品が現存する桃山江戸前期の在奈良作品以外はあまり価値的に大きく左右されることはないと思える。では有名な家康着用の歯朶具足を作った岩井与左衛門作の同じような兜が出れば、その値はいくらか。こういう場合は、相場は埒外である。これまで書いてきたのは、あくまで価格を想像させるための一般論としてである。江戸中期の岩井の仕事は明珍や早乙女の有名工に劣る。これが大きなヒントである。価値を数字で表すばかりが相場論ではない。

要注意の変り兜

ここから、いよいよ現在最も人気がある変り兜について、まずはじめにその一般について述べておきたい。人気があるというのは、日本人だけが需《もと》めるからではない。外国の愛好家が専ら収集につとめるようになってきているからである。その外国の需要に影響され、「変り兜」が日本で再認識されてきた結果である。

しかし、この「変り兜」というのが難物である。たとえば近年の展覧会や図録などに収載されて有名になったものの中には、現代製とみるべき怪しいものがいくつもある。変り兜というものの本格的な研究がなされていないから、たくさんの数をみて鑑識眼を鍛える暇がない関係者が、それと悟らず採用してしまうのも仕方ないことだ。昔から変り兜は斬道に入る人々の第一に目を惹くものであるから、現代における人気は予定されていたといってもいい。

怪しいものの見分け方というより偽作の可能性の高いものを順番にあげると、一は鬼神を象ったもの、二は動物の頭面を表したもの、三は鉄板を矧き綴じて抽象的対象を造形したもの。一と二は大抵古い頭形や椎実兜等を土台としている点では本歌の作品と変わらないから厄介である。

ここまで書くと、鋭い読者の内には、ひょっとするとアレも怪しいのでは？ と思い当たる人もあろうかと思う。あまり詳述はしないが、馬に乗って走ったら、兜の造り物が間違いなく吹き飛ばされてしまうものがある。このような造込みのものに古い本格作品はあり得ない。実用甲冑としての本儀―常識―を武士たちが忘れはじめたのは江戸中期位に遡るから……現代人間にわからないのは無理もない。動物の頭部を象って、頭立のつもりだろうか。奇態な飾り物をあしらったものなど、さながらファミリーレストランの子供メニューについてくる旗飾りのようなものゆえ、俗に〝お子様ランチ〟と敬称する。かような品々は、古き良き時代のコレクター達が尊重したものだから、昭和四十年代の頃までは大変高価であったが、果たして現今はどうか。外国コレクターを中心とする変り兜の世界は、鍛鉄物を除いては結構鋭い見方をする人が増えているから、昔のままは通用しないだろう。しかし、古い図録等に所載されたりしているると、それでもう十分にOKということもあり得るから一概のことではない。ただ、古い兜を考究し趣味収集する日本人は一考も二考もする必要がある。武家時代の精神感覚で、変り兜として許容されたものは、植毛、烏帽子、頭巾、唐冠、谷形（一之谷、二之谷）など、比較的標準のものであって、鬼面人を驚かせる類を用いることはほとんどなかったということを知る必要がある。鉄板を刳いで象形したものは、本歌に紛れそうで、実は案外判別がつきやすい。素材の鉄は古いものは薄手で軽く造られているから、見かけより重すぎるものは、まずいけないと考えた方が安全である。先にも書いたが、古鉢を再利用し（本歌の作も古いものは同法を用いる）鞠も古作を用いて、造り物の部分、つまり変り兜の本体を新作し時代付けをしているから、欲気の多い人は欺される。近頃は左様な技術が高等化しているようで困ったものである。日本製ばかりとは限らない様子だが、外地でこしらえたものはあまりにナマナマしいので、判別は簡単だという知人もいる。技術の練磨と時間に対する忍耐、これが偽物の天下の大道を闊歩するための条件である。

偽せ物を作るために要する時間を効率よく省略する方法は、今後どんどん進んでゆくのではないだろうか。大根や蕪の世界ではない金額が動く世界であるから当たり前のことであるが、近頃の偽物製作の技術向上は懸念すべきものがある。

概して製作的に偽作の容易な一之谷およびその類品は、鉄の頭形鉢の上に共鉄の板の造り物を接合している。その上に漆を塗っているから、大抵は状態がよい。塗りの表面を荒らしたりして苦労したものがあるが、上手に仕事がしてあると幕末製などといってすましている。谷形《たになり》の張懸の本歌はふつう檜の薄板などを主体とするが、古作で共鉄製のものもないわけではないから、実際難しい。

しかし、近頃世間を往来するもので、一之谷の本歌の兜など見たことがない。一之谷で最も知られているスタイルの古いものが、銀箔押の黒田長政所用という甲冑愛好家なら誰でもがすぐにその姿形を思いうかべるあの品であるが、これは谷の頂上が一文字になっている。もうひとつ別形で、魚のヒレのように頂上が左右に開き真中を尾鰭のように割り込んだ形式のもの。大体大きく分けてこの二態に分類されるようであるが、後者は最近桃山期の生ぶなりで鯱の鱗を描き出したものが発見されているので、もとは変り兜でも「鯱」という表現をしていたのかもしれない。一之谷の純粋形としては、黒田長政以下同家に受け継がれた形式のものが血統的に正しいというべきであろう。

以上、述べたところからいえることは一之谷形式の変り兜の真物はしかるべきところにしかないという結論である。もしあれば九〇パーセント以上、現代のコピーないし偽物と悟るべきである。あとの一割弱は大名家伝来の真面目な後代物、先祖の由緒を尊崇した写し物である。この江戸期の大名伝来の写し物を、今や我々は本歌と考えなければならない。この類は気をつければ売り物として存在する。鞠など付属の構成が見事であれば、出合頭の相場であるが一五〇〜二五〇万というところであろうか。商界を一時よく往来していた現代のコピーは一五万円までであろう。歴史愛好家の行列着用という使用目的が需要の中心としか考えられないが、この点よく考えれば現代の実用品である。

本歌の少ない変り兜の代表として一之谷をとりあげた。変り兜はなべて用心が必要である……。

人気変り兜の代表――雑賀・置手拭――

変り兜の中でも、現在最も人気のあるのは雑賀ないし同系統の置手拭形の兜である。いずれも鉄錆地を最上とする。この形式および属類の変り兜が出現したのは戦国末～桃山であるが、その頃のものは実際のところあまり遺されていないようである。伝世品は大抵江戸初期～中期あれば上等で、それも大抵鞠が替わっている。しかし付属品が生ぶなりでなくても、この種のものの真物には贅沢はいえない。表面が錆漆塗りになっているものも少なくない。こちらの方が、実は本体に古いものがある。鉄錆地のものは、鍛鉄の技術をみせるのを専一とし、実用を第二義的に考えたものであるから、素人眼にはわかりやすく賞玩しやすい。それゆえに、当然ながら値はこちらの方が上である。

雑賀兜では少し前、大変高額な値段で某博物館に収まったものがあると聞くが、左様なものは例外である。一般的にコレクターの好む製作形式のもので、状態がよければ二〇〇から二五〇万以上はするであろう。矧ぎ留めの鋲や切鉄の細工の如何によって、価格に大きな高下がある。表面に加漆などの加工があれば、半値以下になってしまう。実用時に良いか悪いかは当然問題外である。

もちろん、人気があるから偽物も多い。幼稚な偽物に欲眼がからんで、ひどい失敗をしたプロのバイヤーもいる。素人はこの手のものを扱う場合、念には念を入れる注意を要する。現在となっては鍛えの良い鉄錆地、共鉄加飾の見事な雑賀兜など新たに出てくることはあまり期待できない。古作であれば、改装品でも十分尊重しなければならない時代である。

面具のこと

面具といえば一般には近世の当世具足に付属している面頬をさしていうが、広い意味では、額当や半首の類もその範疇《はんちゅう》に属する。しかし、額当や半首の本歌の流通品は五〇年来眼にしたことがないからここでは論外とする。

いわゆる「面頬」、ふつうメンポーといい表わしているが、これは近代の俗称にちかい表現で、やはり正しくは「頬当《ほおあて》」というべきであろう。この内、鼻のあるものを「目の下頬当」、頬と顎の部分のみを防御するものを「半頬当」、双方略して、「目の下頬」「半頬」などという。「目の下頬」

の内、鼻下に髭のあるものを「烈勢頬」、ない方を「隆武頬」、また面頬の痩肥尖円や表情の具合から、笑頬《えみほお》、美女頬、あるいは岩井家の創出になる「御家頬」など、その他にも種々数多い名目がたてられているが、烈頬以下のそれらの名はほとんど江戸期に入ってからの命名とみてよい。

半頬について

およそ頬当と称するものの中で、最も安価なものは鼻のない半頬である。概して目の下頬に比べ、鑑賞度が低いためで実用時代の具足の頬当は大抵がこの半頬である。

真物の具足をつけ、竹刀でたたき合う模擬戦をしてきたことからの経験でいうと、半頬は顔面があきすぎて不安である。それに比べて目の下頬は防面部が多いので心強い。しかし、いざ戦いの段になると、目の下頬は視野が狭いので動きも思うにまかせない。半頬はその点ずっと活動的である。まず第一に呼吸が楽で、声も出しやすい。戦国時代、自身働きを経験してきた大名家の具足の面具は大抵が半頬である。たとえば井伊家や細川家。その他にも念を入れて調べれば何家もあるであろう。覚えの将士は半頬を用いた。しかし前述のごとく、現今、特殊な鉄錆地の加賀前田や肥後細川の半頬以外、塗物の同類は出来が良くても五万円までというのが通り値である。

顎を異様に強調して前へ突出させたもの、頬をむやみに痩せさせたもの、これらは匠たちの外連技《けれんわざ》であって、武道の穿鑿《せんさく》厳しい昔の侍たちには軽蔑されたものであるが、現代はこのような形式で鉄錆地であれば、半頬としても並の目の下頬より遥かに高い。プロの間でも二五万〜三〇万で取引される。鼻部の左右が垂直に切り込まれた奥行きの深い、母体が室町末戦国に遡ぼるものは塗り物であっても別格である。鼻を失って、取付けの左右の折釘をうまく処理して当初から「古作の半頬」であるかのごとくみせかけたものもあるから注意が要る。序にふれておくが、面頬等を買う場合の基本的注意要項は垂れが生ぶか否か、耳は欠けていないかどうか。案外にこの二点をクリアしないものが多い。

目の下頬

鼻付きのいわゆる目の下頬で標準的で最も多いのは、艶のある漆塗のものか錆漆塗の二種である。値段的にいうと錆塗は実用にはいいのであるが、艶出しのものより人気がない。錆漆の分は八、九万〜一〇万ちょっと、一般的な黒塗は一〇万以上、要はコンディションによる。これが同じ漆塗でも朱漆となると一五万以上で値が格段に変わる。四〇年前は赤塗となると「金時ヨロイ」などといって馬鹿にされたものであるが、世の中変わったものである。最近朱塗カルラ

（いわゆるカラス天狗）の類当が一〇〇万近くで動いたということを聞いた。これは鉄錆地のカラ面よりあるいは高値かもしれない。朱塗のゆえであろう。朱塗の天狗面なども同様のことになるかもしれない。これらは特殊なケースである。

一方、鉄錆地の目の下頬は甲冑の部品としては最も人気が高く、その作域も幅が広い。当然ながら作品の上下によって価格にも大きな差がある。

一般的な鉄錆地の目の下頬は下限が一七～八万位で、仕様が古くかつ緻密なものになると五〇万を超えるものもある。

鉄錆地目の下頬の中には、鑢目を入れたり共鉄の鎊金具を据えたものなどが、江戸中期辺りから多く出てくる。鉄具を打ったり鑢目を化粧にしたものなどは多く加賀物にみられるが、この種類は現在超人気アイテムである。

煉革製の頬当について

ここまで、頬当の概略的な価格について述べてきたが、材質は鉄製が基準である。しかし頬当の総量の中には煉革製のものがかなりのパーセンテージを占めている。煉革製というと、武具に係る大抵の人が「ああ」と気抜けしたような落胆の声を出す。

「ネリカワ製か……！」

本当のところ、煉革製は兜であれ胴であれ捨てたものではない。製作の手間もさることながら、重厚な作品は実用的には鉄製の古作モノより堅牢なのである。薄鉄の具足など実戦の用にはほとんど立たない。心理的効果だけである。現今、甲冑における往昔の実効が如何なものであったか、本気で研究する奇篤人はいないから、追求されるのは市場価格だけといってもそう大した過言ではない。煉革製の頬当には大変手のこんだ表情の濃やかなものが少なくない。一〇〇年、二〇〇〇年を得ながら変容していないのは、もうそれだけで名作といえるだろう。外国のコレクターが頬当の蒐集に目をつけ、特に鉄製異形のものを好む傾向にあるから、本家の日本人がそれに追随して、煉革製を軽視するのは淋しい。再認識するのは、日本人の責任であり、見識である。

以上のようなことだから煉革製の目の下や半頬の価格については触れないことにしよう。ここでさらに価格不相応な安値の相場を云々するのは一種のヤボというものであろう。

頬当の一人歩き

甲冑、特に当世具足を各パーツに分けた場合、兜はむろんそれだけで独歩するが、頬当も立派に一人歩きをする。たとえば、具足一領が売りに出された場合、付属の面具の出来がよければ、それだけで全体の価格が上る。それは言葉を返せば面具の独立性を強調し促している証拠になる。

甲冑も一領全部となると結構な風袋である。現代の平均的住宅状況にはそぐわない。いきおい兜や頬当単品の購買がふえてくる。特にインテリアとしての手軽な装飾性に頬当はすぐれている。早くから収集家が着目したのもこの点である。頬当の中でも整然と鑢目を施し、梅桜などの装飾金具を釘着した加賀頬当の優品は水準以下の具足一領より高価である。光尚をはじめとする雲海派の在銘品は特に尊重される。光尚在銘加賀頬当の優作の標準的価格は一〇〇万をひとつのラインと考えていいだろう。これらのほとんどは、どうやら外国に吸い寄せられているらしいから、やがて国内では一部収集家の手の中にしか、見られないことになること必定である。以上頬当一人歩きの例として、加州の光尚をとりあげた。

総面のこと

頬当一人歩きで、別項を設けなければならないのが、いわゆる「総面」である。この道の人は「ソーメン」というが、これは俗称の固定化したものである。正しくは「面包（面頬）」などというらしいが、「総面」という名前の方が現在的な事物の状況を的確に把握表現しているように思われる。甲冑部品の名称中、俗称が市民権を得た代表といっていい。

ただし、「総面」なるものの本来の使用目的が何であったか、近代の甲冑解説書にこれについて教えたものは知る限りではない。総面の本歌の伝世品は大抵江戸中期以降のものである。本来は大名の装飾性の強い甲冑にその一具として具えられたものである。完存品は錦で製した「カシラツツミ」という被布が縫いつけられてある。あのような大仰な代物を、まさか面部とはいえ兜の下に装着して戦いに臨むとは誰も本気で考えはしないだろう。要するに江戸期の綺麗好み、節句のお飾りにあまり変わるところはない。

総面の現存品として古いものもせいぜい室町季世——戦国時代であるが、この時代なら一部の好事的武人が実際に用いたと考えても無理はない。所在が不明であるが、有名なものに「内藤昌豊所用」という総面がある。実際に用いたといっても、その主目的は人相を覚えられぬための手段であった。上杉謙信が伎楽の仮面を戦場で用いたらしいが、これも奇態の演出と同時に容貌を一般に知らせまいとする目的のために用いられたのである。用途は想像外のところにあった。

関ヶ原後築城に際して城主となった著名な武将が部下数名と共に巡見した中、総面をつけていたという記録がある。総面の主用途はおよそ以上のごときものであって、その点から考えると「面包」という古い名目は筋が通っているということになろうか。

以上のようなわけであるから「総面」なるものが実戦の防具の実用品であったか否かについては否定的にならざるを得ない。剣道をやった人なら誰でも経験していることであるが、面をつけた状態の視野はかなり狭いものである。現今の剣道の試合は前方の対手一人であるから、主眼をそこに集中しておけば済むが、戦場ではそうはまいらない。敵は左右はもちろん、後ろからも襲って来る。総面の視野は剣道の面具よりはるかに狭く、息苦しい。しかし、幕末の実戦期でさえ、剣道の面鉄を工夫して鉢鉄と合成させたような面頬と顔を護る防具は使われていない。例外的に一、二を見たことがあるが、あくまで好事の発想につきるもので、全く普遍実用化されていない。実戦では視覚明瞭動作軽快を専らとする。「総面」が実用品でなかったことはこれ以上に多言を要しない。殺伐な武具の息苦しさからの逃避、鎧兜に遊びを見出そうとした心の表れ、その象徴が「総面」の形象となったと思ってよい。

総面の価格

しかし、「総面」がいかに甲冑構成中の遊戯虚飾部品、非実用品であろうと、価格は問題の外にある。

現今の武具の値段は実用性をほとんど反映しない。これは古美術全般にわたっていえることで、甲冑類の親戚である刀剣類にも同様のことが顕著であるから、今さら左様なことに思いを致すこと自体、時代遅れであろう。

さて「総面」の値段である。近頃本歌の上手物《じょうてもの》は余り見ない。優品はほとんど海を渡ってしまっているのではないか。いいものというのは大抵江戸中~末、鉄味よく、錦被布、本小札大ぶりの垂の完備したもの、これらになるとまず一〇〇万以上、あとは売りと買いの綱引きである。ここにいう値段は風評を含んだアバウトな価格である。念を押すまでもないことだが世の中には数字を書くと、絶対的なものだと思い込む生真面目な人が多いので一言断っておく。

全てが経験や眼前の事柄ではない。史料的にはもちろん本来の美術的価値より高価なのは外国コレクターの注目度が高いからである。

総面の偽物

さて、この「総面」がなかなか曲者である。この際、幼稚な偽物は論外とする。正真の目の下頬に額を取りつけたもの、ごくまれであるが江戸時代の工作であるものが存する。目の下の部分と額の部分が共に鉄錆地である場合、わずかに双方の鉄味が異なるところが大事なみどころで、裏の漆の色が古色を含み、かつ同一であれば、合わせ物ながら一応「総面」という扱いをするべきかもしれない。

しかし、これは厳密にいえばいわゆる時代偽物の「総面」である。世上に出回っている時代性のある総面のほとんどがこの種のもので、本歌でまかり通っている場合が多い。三〜四〇万位のものが高価に取引されていることもあるやに聞く。

一方、現代作で古作の仲間入りをしているものがある。もう物故して年が経つが、岡山県の方に上手な人がいた。ただし、この人は当初から偽物を造るような意識はなく、鉄打出しの技術を器用に任せて鍛錬し、総面なども造るようになり、自作である旨の独特の銘も刻していた。重ねていっておくが、偽物作家ではなかった。絵画造形によらず全ての芸術の入り口が模倣からはじまるように、写真などをテキストに勉強したらしいが、最初は全て大きすぎた。数をこなしてゆく内に真に迫るものを生み出したが、当代一といってよい鉄打出のテクニシャンであった。この人の作品は特に錆付けが上手であったから、本人の意思に関係なく真物と重要な資料と誤鑑されて古作に紛れているものがある。これは作者に罪はなく、責任は鑑定する側にある。

いったんこれが古作の本歌となって世に出ると、ギブツということになる。これには作者も草葉の陰でボヤいていることであろう。自作が古い真物と鑑定されたら、たとえそれが誤鑑であっても作者は以て瞑すべしと思うだろうか。値段もそれに伴って高くなるはずであるから気分は複雑であろう。先年、彼の作品の証拠である頤下に刻した銘をわざと潰し古作の仲間入りをさせようとした形跡のある総面も見た。偽作の意思がなかった優れた総面作家（こんな用語はないが）の作品が「所詮は偽物」とされてしまうことは遺憾である。

それともうひとつ、このような小さくて金銭価値の高いものについては上手《じょうず》の物真似をしただけにすぎぬ正真の偽作者がやがて出てくるであろうということである。

一作物について

甲冑、特に近世の具足は上から下まで完全一作の揃い物が尊重される。そこでは一作物としてうるさくいわれる条件がある。威糸の色目の一致。これは耳糸や畦目の組糸の種類や菱縫の色の褪せ具合までが同一でなければならぬ。そして家地の繊維や柄が同じであること。さらに札板の構成や塗りの色調が統一的であること。

右の条件を唯々教条的に遵奉すると大変厄介なことになる。しかし初心者はキリスト教徒が聖書を、孔子の徒が論語を敬仰するがごとく、このような一作物の資格をうのみにして、後生大事に奉讃する。

なるほど、一作物の甲冑は貴重である。しかし右の教条を一筋におしいただいていると、大きな誤りを犯す。そのようなお方には所詮「ヨロイ」はわからない。

たとえばそのかみのことである。籠手の布が傷んでいるからといって、佩楯や臑当まで併せて全て取り替えるなどという贅沢はメッタにしていない。全てを取り替えてしまうというのはむしろ現代の風儀である。往時はどうしても修理しなければならぬ部分だけを直してできるだけ旧態を存するを旨とした。むろんこのことは節約の意味もあるが、最も肝要としたところは先祖、故人への敬慕の心である。御先祖の「垢付き」を敬重するのは武道の精神でもある。故に、本来一作物でも家地が異なるものはいくらも存するわけだ。

さらに具足の主体である札の構造である。胴や袖が本小札であれば、兜の鞠《しころ》は当然本小札であるとする。これが鞠だけ毛引の板物であれば、もうイケない。「おかしい」。条件に反するということになる。胴や袖と鞠の札の構造は必ず一致しなければならないと考えるのはいわゆる一つ覚え、一作主義の陥る弊である。上下異なるものは古来からかなりの割合で存するのだ。特に胴以下は本小札でも、鞠は過剰な屈曲を嫌って板物にしている場合が少なくない。要するに一作か否かの決定にはかなりの鑑定眼を要する。であるが故に結局疑わしきは罰する考え方に傾いてしまう。研究鑑定家と自認するムキにもこの傾向は甚だしいから一般を啓蒙することは難しいのかもしれない。簡単に合わせ物だと即断せず、じっくりモノの本態をみつめる。そうしてくると全ての美術品に共通する、視ることの至難、極意の王道が眼前にひらけてくるはずである。

統一的御家流具足

当世具足の項目の中で、忘れてならない特色のあるものがある。いわゆる「御家流」というか、その藩独自の具足である。何藩か何処の家中のヨロイか一瞥で見分けることが可能なユニフォーム甲冑である。代表的なものが、彦根具足や加賀具足で、前者は「赤備え」といわれるその色目に、後者は全体独自の構成作法に異色性がある。他にも「仙台具足」、熊本の「越中流具足」等があるが、「仙台」に相似するものに佐賀鍋島藩のものがあり、越中流は単に熊本細川家に限らず、他藩の個人的嗜好でかなり一般化している。しかし、仙台や熊本の具足は一応、地方色ある具足形態の主たるものの中に含めてもいいと思われる。

この中で、近年注目されているのが加賀具足である。阿古陀風の兜に胴以下は唐革包や銀蝋流、あるいは切鉄細工を施した、南蛮の匂いのする具足である。

阿古陀風の兜も少し姿に間延びを感じさせるがゆったりしていて、一〇〇万石の家風にとけこんだ、おおどかさを表していかにも南都春田の末裔らしい。

この種加賀具足が、鍛えの良い鉄に鑢目を施した主材をもって構成され、そこに同工の変り兜などが付属していると一〇〇や二〇〇の数字ではなくなってくる。

この間の消息を有力武具商などに訊いてみると、バイヤーの嗜好にあるらしい。決して本国である日本人の理解好尚によるものではない。先にのべた総面などバブルの頃でも現在より安価であった。

加賀具足の他にこのような御家流具足の中で、値が高くなったのが井伊の赤具足である。

半世紀も昔のことをもち出すとお笑い草だが、その頃は赤い具足は「金時よろい」といって敬遠された。やはり甲冑は黒色が本筋であるという古典的思潮からである。なるほど、赤色の武具は目立って派手やかで気障《きざ》っぽい。豪勇の士が用いる場合はいいが、どこにでもいるような侍がこのようなものを一様に着てチャラチャラしていると、まことに不格好である。天誅組や長州征伐で奇兵隊にやられた時などその不様の好例だ。その悪い方の誇張的イメージが往年の保守的な愛好家の敬遠するところであった。が、今は全く違う。井伊の赤具足は仮に同工の黒具足があったとすると、確実にその倍の値段はする。いわゆる一般的戦国のファンの赤備えに対する理解と憧憬、加うるに普遍的黒具足との比較における遺存数の少なさ。これらが価格の高騰につながったのではないかと思われる。

その次は仙台具足である。伊達政宗の黒漆塗鉄五枚胴具足で代表される、この鉄板を蝶番でつなぎ合わせた形式の具足は、ある種のものを除いては意外に人気がない。

仙台胴具足は収納が簡単にみえて、面倒臭く、やりにくい。ありようは鉄のプレートのつなぎ合わせにすぎぬから、収縮性がない。ガチャガチャいって、下手をすると鉄板のつなぎ目に指をはさんで怪我をする。ヨロイ好きの人なら、こんな苦い経験はみんなしているはずである。指だけならいいが、意外に重いものが多くて肩や腰にくる。当然、仙台具足の値の張るものは限定されてくる。つまり象嵌や打出の工芸技術が施されているものだ。これは鉄五枚胴形式の多い佐賀藩の甲冑にもいえる。唐獅子牡丹や雲龍の打出しに色絵の象嵌などがあると、一般の「仙台具足」とは格段の違いということになる。むろん、この背景にも欧米の風が吹いている。

こうして通観してくると、統一形態を条件とする御家流具足の中で認識が浅く価格的に最も出遅れているのが細川家の越中流具足である。現在、価格は実用性に何ら係りがないということは本稿で何度も述べてきたけれど、その典型例といってよいのがこの越中具足である。その様式が熊本細川藩の専用であって、その創始者が三斎細川越中守忠興であったと所伝するところから、いわゆる越中具足あるいは三斎流具足などと言い慣わしているが、形体的にはこの具足その形式は忠興以前から将士間に用いられていたものであった。

この越中具足には趣好に富んだ立物を装置しているものが多い。頭立や脇立、後立、何でもありで楽しい。煉革主体の伊予札も古様の丸胴形式を採用しているものが多い。頬当も半頬がほとんどであるが、これがなかなか渋くていいものがある。越中具足は改めて評価をしなおしたい具足の第一である。

以上、我国の甲冑の特質、個性及びその価格等について概略を記してきた。その根拠となるものは近来における甲冑売買の流通傾向、その風聞に筆者の知見を加味したもので、全体としての捉え方はほぼ間違っていないと思う。もとより最大公約数的論述であって、価額についても相対的表現しかできなかったのはやむを得ない。甲冑趣味家、あるいはこれから収集研究をめざす人にとって裨益するところ多少でもあれば幸いである。甲冑付属の武具類についても書くべきであったのかもしれないがあまりに細部些末にわたりすぎるので、それはまた別の機会に譲ることにしたい。

中国西周時代の青銅冑

今や我が祖先の人々となった井伊直孝や幕末の大老井伊直弼の伝を書くのが、筆者の人生目的なのであるが、ヨロイ道楽が過ぎるあまり、ライフワークが果たせない。先般も井伊家史料のはざまから直弼の正室昌子の古写真を見つけた。直弼と昌子（松平昌子）の結婚は全くの政略婚で、年齢差は二十歳もあり、双方琴瑟《きんしつ》相和すというような状況ではなかったと思われる。二人の間に子供はなく、直弼桜田遭難後二十五年を生き、明治十八年(一八八五)五十一歳で世を去った。写真の撮影は明治三年昌子三十六歳の時のものだが、勝気で忍耐力の強そうな美人である。

それはさておき、もうひとつの発見がある。

中国古代、西周時代の青銅冑である。あちら出来の青銅冑の新物は日本にはよく出廻っているから、一〇メートル先から見ても判断がつく。今回発見の分は左様な幼稚なものでなく、まるきり雰囲気が異なる。さすがに時代というものはおそろしい。京都には古銅器収集で世界的にも名を識られた美術館があり、古代青銅の質感を鑑別する専門家がいる。

件の冑をみせると、同時代の青銅の持ち味と同じで、大変いい雰囲気であるという。その美術館は武具は専門外だが、この種の冑は中国本土でも七点位しか発掘されていない。北京から北方二百キロ辺の、昔はいわゆる異狄《いてき》といわれた北方民族が用いたものらしい。もちろん我が国では唯一ということになる。冑は当方に寄託されているがもう少しいろいろ楽しみながら検討したいと思う。こんな楽しみをしている限り、史伝などというエネルギーを要する孤軍奮闘の場にはなかなか立ち向かえない。

創作された有名武将の戦死着領

最近岡崎本多家の藩主所用の具足、鹿角の脇立付きのものも含めて二領たて続けに見ることがあって、ふと昔のある具足の胴のことが思い出された。

三十年も前のはなしである。

関西の某収集家が由緒のある胴をみてほしいという。日を決めて行ってみると出して来たのはなるほど、胴だけである。二枚胴で、袖も付いていた。（ここまで書いてきて、たしか写真を撮っておいた記憶があることを思い出した。何冊もある古い写真帳を引っ繰り返し、すぐには見つからず、何日かしてその胴の写真を発見したので以下はその写真と記憶を蘇らせての記述となる）

持主の言うには、これは本多忠朝大坂陣討死の筋の着用であるという。実はこの人がモノを見せる時は売りたい時だから、私は説明は聞いて聞かぬフリをしてその胴を見た。胴は大振りで、本体は本小札の紺糸毛引威、下散は板物伊予札の胴毛引、袖は切付小札の胴毛引。前後立挙一段目に各三カ所、鍍金唐草毛彫の出八双座を据え、各々に丸に立葵紋を鍍金した鋲金具を二個宛打って止めてある。立葵紋は本多氏の代表家紋である。この金具は本歌とみられた。問題はこの胴に大きな刃物による傷があることである。持主は本多忠朝が奮戦闘死した時に蒙った傷であると力説する。

「こんな珍品はまたとないでしょう……」
というわけである。こういうセールスポイントに、歴史からこの道に入った者は弱い。筆者も昔はその最たる一人であった。

本多忠顕具足
（岡崎本多家旧蔵）

本多忠民具足
（岡崎本多家旧蔵―『日本甲冑之新研究』所載）

案の定、法外な値段をいってきた。こちらの思いとは大分ひらきがある。物別れになった。帰り道のあたりの景色がよろしくなかった。

それから一年がたったか、二年目位か。ある道具市場のオークションにこの胴が出品された。持主がかわったのか、委託出品なのか、それはわからない。また、どちらでもよかった。二度も会えるということは筆者に縁のあるものだと勝手に思い込んでしまったから、あとはロクに物も鑑識せず、競り落として我が物にした。こういう時の気分は何物にも代え難い。落とした値は前の言い値の半分位だった。

さて、よく見ると、なるほど右の肩口からズバっと鋭利な刃物で鋭くやられている。これは前述の通り、その時の写真を見て思い出した記憶と綯《な》い交《ま》ぜにして書いているのだが、袖の方も少しやられている気配である。

初見の時も、オークションに出た時も、瞥見《べっけん》しただけで細部の鑑察はしていない。細密に見ると対手や出品者に興味をもっているとみられるから、ザッと見るのはプロのテクニックであるが、実際の目視については能力的に問題がある。少なくとも筆者の場合は事実粗見そのもので、過去現在にかけ、重要な見落としを懲りもせず繰り返している。

左様なわけであるから、本多忠朝戦死時着用というところの胴を、腰をすえて見たのはわが物にして家へ持ち帰ってからである。

問題の胴

最初の時は飾ってみて、胴の前後左右を眺め、裏を返したり、草摺をみたりで、傷口の鑑察は適当にしていたが、二日目位からちょっと気になりはじめた。威毛が若い。とても三百年以上の古いものではない。威糸の傷の部分が血の痕という意味であろう。大変汚れている。高校生時代、バンカラの気風の遺されていた筆者の学校では、一部学生の中に帽子にポマードやチックをぬりたくり、泥水に浸して乾かし、また繰り返して破れを作り、ゴテゴテにして被ることが流行った。弊衣《へいい》破帽《はぼう》の名残りで、筆者ももちろんその数に洩れぬ一人であったから、その汚れ具合が共通しているのを何となく思い出した。しかし嗅《か》いでも匂いはない。汚しの素材がポマードやチックではなかろうけれど、とにかく、人工であることが知れてきた。

三、四日たつとその胴がいかにも芝居じみた醜悪なものに見えてきた。もう観念して、よくよくみると切れた威糸の一部に汚れていないところがあって、そこの糸切れの端が整然としているではないか。数日前に刺刃で切断したようにケバ立つこともなく凛としている。さらに小札の切れ具合も角が立って鋭い。腕のいい包丁人が切り整えた刺身のごとく、しっかりと尖っていて鋭い。

「……！」

例によって、またうっかりのトチリ買いである。本多忠朝討死に関するものであるという証拠や証明は何もないのである。最初のフレコミが頭にこびりついていたから、思い込みが先行してしまった。笑うしかなかった。

これはそのように仕立てられた、数寄者狙いの胴甲だったのである。

嫌になってしまったので、関東の親しい業者にその経緯を説明して割愛してしまった。

「——没後の一休さんはたくさんあるけれど、本多忠朝没後の戦死ヨロイというのも、考えてみると作られても不思議はないナァ」

いうのに、いやァ、そんなのに目のない客がいますから、こちらはヨロイに関して要らぬことをいいませんよ。相手さんが勝手に解釈しますから……。

業者はまるで筆者のことをいっているようで、笑えなかった。安物の焼物なら叩き割ってすませばいいかもしれないが、このようなものはそうもならない。

その人は喜んで持ち帰った。古美術商は一種夢を売る商売である。「目鯨ばかりたてるのは野暮——生きていけません。」言葉が今も耳たぶに残る。

現在、あの胴は一体どこにいるのだろう。それなりに知った人の手もとで静かにしていてくれればいいが、もしも公的なところで妙な地位格式を得て、安住されていても困ると思う。本体は江戸期のものでも、由緒をつけられるととんでもない偽物となってしまうからである。やはりあの時、あの胴甲に対して一歩踏み込んだ行動をするべきではなかったか、と思い出すごとに考える。これに類する話は骨董好きの文士の書き物にあって、ただ読んでいる分には面白い。

本多忠朝討死に係る関係部分、史書に当たって抄記しておこう。

忠朝は元和元年五月七日、天王寺表において城方の毛利勝永勢と激戦の末、討死した。「参考本多系傳」には関係古筆記を引用して忠朝の軍装を、緋威の鎧に「忠信の兜」を着用したと記している。この「忠信の兜」には別に由緒があって大変有名なものだが、ここでは説明を省略したい。しかし、別の記録では「忠信の兜」は生涯用いず、父忠勝以来の鹿角の兜であったというのが、わずかな記録的証拠である。忠朝は敵の銃丸によって臍《へそ》の上から後背へ貫通銃創をうけたが少しもひるまず馬より飛下り、散々に暴れまわって二十余ヶ所もの傷をうけた末、敵に首を授けたという。右手に太刀、左手に鉄の筋金を入れた鼻捻（一説に槍）をとっての奮戦の末の戦死であった。「大坂夏の陣図屏風」（大阪城天守閣蔵）では黒糸か黒韋威の大鎧を着ているが、これは江戸絵師一般の概念図である。忠朝の討死は、冬の陣の仕寄の拙《つたな》さを家康に叱責されたことによる。この時代、一廉《ひとかど》の士にとって名誉は生死を超越した大事であった。一度しくじって天下の批判をうけたら一死をもって男を立てるしかなかった。

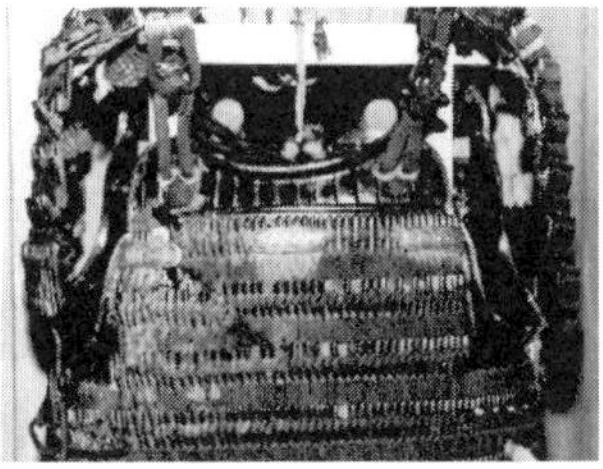

戦傷とされる部分
（馬手側 立挙１～２段目）

忠朝の春秋は三十四。

元和元年五月七日の酷熱の中で、激戦と主人の惨死を経験した具足の胴がほとんど完存することなどあり得ない。ちなみにこの時、同じ徳川の若将井伊直孝など上半身裸で、頭には鉢巻をし、兜もかぶったことはなかった。

小山栄達筆——「武勇」における史実と創造

合戦の様態を描いた屏風絵は近世を中心に、各時代を背景にさまざまなものがありそうである。しかし行装に精確な絵巻とちがいその武装の表現は一、二を除くと概ね観念的あるいは概念的である。この流れは江戸時代で終わっていない。鎧を着た英雄豪傑は床の間の飾り絵に及ぶまで、ほとんど錦絵の延長線上に胡座して浮世絵舞台の楽屋裏を賑わしているというのが実態であった。この傾向は考証の時代錯誤という形で尚現代にも及んでいる。

わが国の合戦や武装の図画が実際的になるのはヨーロッパ近代絵画の精神と技法が輸入されてからであることは今更いうまでもない。だが結果的にそう言うのは簡単で、新しい絵画の風潮を日本の風土になじませるには、先人の形容しがたい辛苦の日々があった筈である。合戦屏風の表現の風儀の変化についてはそこに文化の啓蒙という労多く功少い努力が地味に着実に重ねられたことを知らねばならない。そのような努力が認められた頃に描かれたもののひとつが本作であると考えていい。

この武装戦闘図の表題は、相見香雨の解説をのせた関係書によると「伊井《〔ママ〕》家の赤塚」とある。タイトルに不審を抱いた西岡文夫氏が筆者に資料を呈示して、この画題は当を得ているものか否かと意見を徴されたのがこの屏風絵との出会いである。なるほど「赤塚」とは妙である。物慣れた者なら大抵見逃してしまうことに注目して疑念を懐くことが、研究者にとって忘れてはならぬ初心、肝腎なところであろう。なぜなら、「赤塚」とあるからには赤塚なんだろう。どこの戦いか知らぬが赤塚なのだ。間違いある筈なかろう――と思うものだ。その詮索をはじめようとしたところに再び西岡氏から『日展史5』に本作が収められていて、題名は「武勇」である旨教えられた。

前記の香雨の解説によると、この作品は関ヶ原における井伊直政とその家臣たちが島津義弘陣に攻め寄せた時の活躍を描いた第十二回文展（大正七―一九一八年）出品の武勇というものである、とある。何のことはない、実は説明でタイトルを誤記し、解説の中で実際のタイトルを書くという単純なミスであった。

どちらにせよ「伊井《〔ママ〕》家の赤塚」というのは、井伊の赤備えの間違いであることはたしかである。関ヶ原の戦場周辺には赤塚なる地名は存在しないし、塚は元来墓のことであるから、関ヶ原地方の古名青墓をもじったとしても全体の画面の状況からは意味不明である。また一方で「武勇」というタイトルも作品の出来とは別に、いかにも率直すぎるように思える。これも時代の鷹揚さというものであろうか。

天下分け目といわれる関ヶ原に材を採った近代制作による武装戦闘図は他に余り聞かない。それも井伊の赤装軍団を主題に扱ったものは珍しく貴重である。ただし筆者は実物をみていない（『甲冑研究』所蔵は既に焼失）。描写された史的状況、及びそれに伴う武装風俗等がどれほど正しいのか、提供されたカラーコピーの資料によって考えてみたい。小山栄達は本作にとりかかるに当って井伊伯爵家伝来の甲冑其の他の遺物を参考にし、周到なる考証を盡したと香雨はいっている。

栄達は通称政治。はじめ本多錦吉郎に洋画を学び、その後鈴木栄暁、小堀鞆音に師事、武者絵を得意とした。

本作は興味をもって検討すべき問題がいくつかある。それらについて考証めいた事柄をこれから書こうと思うが、関ヶ原合戦場における井伊直政とその麾下の奮闘―武勇―を描いたものである――という相見香雨の説明を前提の事実として進めることにする。

六曲一双の画面は井伊の赤武者の一群が敵の陣営を破り、なお攻撃をやめることなく前進する様子を描く。三十数人の士卒の攻撃のエネルギーは左隻から右隻にむかって一直線に伸びてゆく。その彼方には崩れゆく島津勢がある筈だ。描かれてはいないが、観る者にはそれがわかる。程度の差こそあれ、それなりに想像は働く様にしてある。

主将の井伊直政は右隻第五扇から六扇にかけ、馬上の勇姿をひときわ目立たせ描いてある。いかにも悍の強そうな黒馬（①）に打ちまたがった直政は金の大天衝の脇立に白熊束毛の前立をつけた朱の兜（②）をかぶり、同色の胴以下（③）に白の羽織（④）を着、馬手に金の采、弓手に槍

⑤と画面上はみえないが手綱を握っている。

配下の士には差物から姓名のわかる人物がいる。まず右隻一、二扇、刀を拝み打ちするようにふりかぶっているのが、新野小太郎⑥、同三、四扇にかけて紺糸威筋兜の貫名筑後⑦、四扇槍を立て、鉢巻をした横地佐平太⑧、第六扇直政の馬側近くに、かしはばら⑨、左隻に移って第一扇頭形兜に烈勢類をつけた広瀬郷左衛門⑩、以上主将以下十人である。他に母衣をつけた馬上の武者⑪が一騎、差物だけの馬上二騎⑫と差物なき一騎、他に吹流⑬をつけた一騎、その余は軽卒及び足軽⑭たちである。直政の左後方には井の字の旗⑮がみえ、右隻六扇から左隻一扇目にかけ八幡神号⑯の旗が翻る。

以上のところで、とりあえず番号を付した事がらについて説明を加える。

①直政乗用の馬は小牧陣に「黒半月」、関ヶ原では「紋《しぼり》」というのが記録にある。「紋」というのは二毛の疵馬で当時既に凶相とされた。江戸の泰平時には身分ある士はまず用いなかったものである。紋染の模様のような斑毛が全身にあらわれていたものであろう。斑散《ふちり》ともいう。「二毛」の語音は逃げに通じ、同時に二色（二君）に仕える意味があるから嫌われた。直政は乗馬の達人であったから、馬さえよければいいのであって、毛疵やそれに伴う迷信など一切気にしなかった。

武田信玄が大将たるものの乗り料選択の心得として「上悍の中悍」を選べといっている。優駿第一を避けよということである。直政はそんなことにも頓着がない。敵を蹴殺し噛んで振り飛ばす程の暴れ馬を好んだ。

画中の直政が馭している馬は単純にみれば黒馬にみえるが栗毛であるかも知れない。画家はそこまで気にしていないと思われる。

胸懸、面懸の緋色が黒い馬の毛色に好対照を示している。手綱は紺白の綟。

②③兜は朱塗頭形に金の大天衝の脇立、なかば頭立にちかい前立は前述のごとく白熊の束毛（唐の頭と通称する）であるが、後方になびかせた長尺のものである。錣は同色、写真では三段のようにみえるが四段かも知れない。兜の緒の色を朱にせず紺にしているのは色調の単純を嫌ってのことだろうか。頬当は同色の猿頬、垂三段。胴は仏胴。草摺は板物五段、間数は不明。佩楯は伊予佩楯（四段と思われる）、臑当は亀甲立挙の篠臑当、おそらく六本篠であろう。

全て朱塗で、威し糸は熏韋（或は緋色糸か）の素懸である。籠手の詳細はわからない。上帯は白布（晒木綿）を右手前で結び前へ繰りこんでいる。この考証は現実的でいい。白い袖付の陣羽織。甲冑が赤、馬が黒、羽織が白。截然とした色調の対比である。短かめの脇差の柄がみえるが、太刀や鞍は隠れている。ただし、朱双笑の鐙がえがかれ金の井の字の紋がはっきりとみえる。

以上が描かれた直政の軍装であるが、直政所用と伝承し現存する甲冑にこのような飾り毛の形態をもつ兜は存在しない。関ヶ原に着用したと伝える具足に添う兜は立物装置を一切設けない頭形兜である。

しかし仏胴という点では胸板の有無において異るが、一応一致する。因にこの兜の前立物形式をもつ具足には彦根井伊家第四代藩主直澄所用と伝えるものがある（彦根城博物館蔵）。大分時代観が下るが、これを直政の兜にとり入れたと思われる。いかにも画になる勇壮な意匠ではある。また差込の装置が角本というより折釘のホック状のもので、筆者が実査（平成七年―一九九五）した時は束毛の立物そのものが存在しなかった。折釘はその時、白毛（唐の頭）をひっかけるための複数ある装置のひとつと認識（『井伊家歴代甲冑と創業軍史』）（平成九年筆者）した。釘の部分にかなりの擦過痕があり、いまも不審を拭えない。また、現存の立物類は全て後補のものである。

④直政が白い陣羽織を着用したというのは知らない。これをみた時、井伊直孝の夏の陣の軍装記録を想起した。直孝の大坂両陣における所用陣羽織は冬が黒羅紗に猩々緋の日の丸打ったもの。夏が白縮緬に黒の井桁打。この夏の行装である。画家はこれにヒントを得たか、大坂夏の陣若江合戦図をみたか、多分後者によってこれを援用したのではないか。

⑤直政が関ヶ原に所用した槍は身の長さ一尺八寸余の三角槍で、三面小指大の太さに施された樋の中に八幡神号、六字名号、倶利迦羅を彫ってあった。画中直政の提げている朱柄の槍は

どうやら大身槍のごとくである。この槍は直政遺品として与板井伊家に伝来した。

⑥刀を振りかぶって突進している武者は背に負った四半の差物の文字から新野小太郎と読める。主将と同じ威糸の板物素懸の具足、頭形の兜。前立は金の日輪の様である。短袴に佩楯はつけず、臑は篠臑当である。左やや先に前駆する武者を淡く描いているから新野の動作と距離感がよりダイナミックに迫ってくる。新野の名は井伊家では特に由緒(初代左馬助は井伊直政の恩人)のあるものだが、この時代には断絶して存在しない。

関ヶ原に無縁の新野小太郎という人物は幕末に再興された新野家の当主新野親良(井伊直中第十男、直弼の兄)の長男の通称である。彼は藩が京都守衛のため出兵を決定した時、父に代って陣代をつとめたりしたが、病弱でやがて嫡を廃された。つまり重職の家にふさわしくない軟弱な男であった。それはとも角、新野家の士がこの程度の軍装で徒士ということはあり得ない。また記名の四半旗の上下赤中黒金名の形式は特認の差物(「かしはばら」⑨項で詳説する)で、仮に新野氏であっても許されない。

⑦貫名筑後も関ヶ原には一切関係なく存在しない。元来井伊氏一門の由緒ある家名であって、仮に関ヶ原に出戦したと仮定してもいかにも軽い。筋兜の紺糸素懸威の朱具足で兜を伏せ、槍をやゝ上段浮き加減に握っている。この男も新野同様佩楯を着装していない。急戦に臨んでは佩楯を外すというのが軍将の作法にあるが、本作の場合はあく迄軽装に描いて動作の敏捷を強

調しているのだろうか。この場合も左手一歩前にしっかり槍を突いている軽輩を描いて、貫名の姿勢からは焦燥感さえ感じられる。この指物も掟に反すること勿論である。

⑧横地佐平太ものちには井伊家の公子が養子に入ったりする藩の門閥であり、関ヶ原にも先祖が出戦している。但、佐平太と称するのは五代目義白(元文の頃)からで、関ヶ原に活躍しているのは初代修理義晴である。大坂陣にも軍監をつとめ、元和二年死去。歴戦の巧者で知行一〇〇〇石。

と、いうことになると、この軍装もお粗末である。旗もいけない。赤か柿染か包布の鉢鉄に骨牌つなぎの胴甲。胴の方はともかく、鉢鉄は新選組のような雰囲気である。珍しく佩楯を用いている。羽織は黒羅紗か。他の軽格と同装の様で腰に二筋子持筋のようにもみえるが白筋を入れている。標(印)羽織のつもりかも知れないが法被とみた方がいい。この意匠は何に拠ったものか不審である。井伊家軽格の羽織は当時緋羅紗であったから、これも画家の意匠上の創意とみるべきだろう。尚江戸中期以後の軽輩、いわゆる中間や又者の着る法被には、地色は別として子持筋が入る。しかしそういう意匠は何も井伊家に限ったことではなかろう。

⑨上下赤中黒四半の金文字は「かしハはら」である。これは柏原氏のことで関ヶ原当時は柏原惣左衛門重積、武田の遺臣である。四半の差物は武田家以来(信玄御認と云)のもので、井伊家に於て特認とされた。先にものべたように、他士が勝手にこの旗と同じデザインのものは作れな

かったのである。

柏原も足軽同様の法被をきて立物装置のない頭形の兜に軽便とはいえ何となく安っぽい具足佩楯以下をつけている。袴も膝の出た短いものだ。

関ヶ原における柏原惣左衛門は堂々たる歴戦の将であるからこの軍装はふさわしくない。

因に柏原の差物の詳細は、縦三尺二寸五分、横二尺二寸の上下赤中黒、文字金紙伏縫。袋乳で縁の力革は金箔押五ヶ所、竿は二継、長さ七尺、横手二尺二寸。更に二尺六寸の出シ竿が足され、その中間に金柄銀刃の斧の造り出しがついて、竿頭に一尺八寸の唐の頭(白熊毛)がなびく。大袈裟なものである。
⑩一番の驚きはこの人物である。差物には赤地に金の北斗の七星を配し、その下に黒で広瀬郷左衛門とある。広瀬は家康によって直政に附属された武田遺臣中の錚々で当時は広瀬美濃守といって知行一五〇〇石の侍である。実名将明。戦国生き残りのスター的武将で天下にその名が識られていた。老年の故をもって参戦せず高崎城の留守を預っていた。関ヶ原には養子の左馬助将房が出ている。軍装はこれ迄の諸士にくらべ一応はもっともらしい。
主将直政と同じ威糸の素懸伊予札具足、兜は刎板を三山形に強調した頭形である。真向に鍋をつけた眉庇はやや異形で、前立の角本は装置されていない。吹返と杏葉、それに脇引は金らしい。脇引は気が利いているが、杏葉と両乳の鐶はなくもがなである。

広瀬郷左衛門将明はかような差物はしない。彼には信玄以来天下に鳴った白母衣がある。これは井伊家中唯一人の白母衣で、養子になった左馬助が白母衣をはじめから許して欲しいとたのんだが、生存中は許さなかったものである。何といっても広瀬程の武将が、敗軍潰走中でもないのに馬に離れたり徒歩になる等のことは有り得ない。

広瀬の上帯の位置が胴裾を締めている様子が特に顕著であるが、本来は揺ぎの糸に上帯を十分にかけて締めるべきである。

⑪赤母衣の武者は大概の役目が使番である。母衣の先に俗に「牛舌」という出しをつける。図は白地に日輪である。これは画家の創作である。本当は金の網代地に黒で姓名を書く。この士にもまた法被のごとき赤黒縦縞染の羽織を着せているが、史実的には同意できない。どうもこの画に描かれた法被の態様は江戸中期以後の感覚で慶長元和の戦闘の緊要感を欠く。江戸中頃の井伊家水主の法被にこの種（木綿柿色地白紺縦縞）のものがある。この画の扱いは袖付の陣羽織という感覚であろう。これを増幅せしめているのが陣笠であるがこの点については⑭に記す。

⑫その他の馬上の一騎について、直政の弓手一間ばかり離れて主将の働きを見つめ愛情をもって護るような様子を示している白黒縞染の羽織を着た士。差物は無地の赤旗にみえる。兜には珍しく天衝とも認められる半月様の前立を差している。兜の立物のみ、どうやらはじめて井伊隊として認容の範囲に入る。差物と羽織はいけない。馬上の士はまず記名の差物でなけれ

ばならない。左隻三扇の馬上の士も赤の無地旗にみえる。二騎共兜の一部に金を入れている。これも史的根拠はない。

差物なき馬上の一騎は仏胴に突盔のような兜をかむり烈勢の目の下頬をつける。兜の立物は三本菖蒲とみられる。菖蒲の前立は勿論創作である。兜と胴がいいのにこれもまた例の織で雰囲気が壊れる。乗料は尾花栗毛であろうか。

⑬差物の竿頭の出しに白の吹流をつける例は比較的よくみられる。四半そのものはこれまた赤の無地である。何か判読しにくいが姓名が書いてあるらしい程度のしかけはほしいところである。着用の羽織の件は前に同じである。兜は頭形を祖型にとった一種の変り兜のようにみえるが、なかなかいい。胴は仏胴だろう。

乗料の鴾毛の馬が赤備えの中に際立った対照をみせる。但、白い馬は夜目にも忍びにも目に立つので、軍用には嫌ったものである。

⑭およそここに描かれているのは鉄砲足軽たちのようであるが、当時の井伊の足軽は陣笠ではなく具足に兜を用いた。形式は桶側胴に簡素の畳兜か頭形であった。差物は朱の二本撓いが制式であるがかれらの差している旗には横手がある。これは撓いではない。やはり紺の法被はいただけない。

⑮井の字の旗は井伊隊本陣を示す、つまり主将のありかを示す大纏である筈である。正式の

寸法は縦約一丈横約五尺であったから、もしそれならばいささか直政と離れすぎている。また井の字の大纏と共に必ず井伊隊主将の傍にあるべきものは金の蝿取の馬印である。これも描かれていない。目立つものが画中の主人公のそばにありすぎると観る者の注意が集中しない。散漫をさけるため画家が省略したのであろうか。善意の解釈である。

⑯赤地に八幡大菩薩白抜きの旗はいわゆるヒラヒラ、流れ旗であり長さ七尺、本竿にある赤無地の旗が井伊隊の本旗――惣旗（長さ一丈）――である。

画では旗指が綱索を両手に頑張っているが、本来陣笠も兜もつけない。胴は背割りで、別に旗指用の大きな合当理、受筒をとりつけた。惣旗は大変重要なものであるから、旗指の足軽は特に身体強健の者が選ばれた。史実的には添役が不可欠であるが、騎馬の士に口取りも手廻りの者もいないから当然の省略と考えられる。注目すべきはこの竿先と流れ旗の一部が屏風の縁上にはみ出して描かれていることである。これは大変珍しく大胆な動的描法で、まさしく、旗が風を孕んで観る者の方に向って挑みかかってくるようである。これは屏風の装い、仕立のルールに反する異端の構図の実行であるが、本作の画家の大きな賭けであったにちがいない。冒険は成功したといっていい。

この屏風絵は井伊直政隊が島津義弘の陣に攻め寄せたときの光景を描いたものであるという。この様子をみると島津勢は一兵も描写されていない。陣所の防柵はくずれ弾丸除けの竹束は散乱している。あきらかに陣営は破れ、部隊は潰乱の状況である。倒れた陣幕の紋所を仔細にみると、明確ではないがどうやら丸に十らしい。家紋はもう少しはっきりさせてもいい。それとなく示し明確にしなかったのは、美的処理というより当時根強かった薩摩勢力への遠慮であろう。

ところで島津勢が敵(この場合井伊勢)に敗け陣所を蹂躙されたのは事実であるか。

戦史記述が目的ではないので以下簡単に記す。

慶長五年九月十五日のこの日、島津義弘はわずか手兵千数百人をもって小池村に陣を敷いた。右翼は池寺池、左翼は石田の陣、笹尾山の裾に展開し北国街道を完全に扼した形である。

主将義弘は先日来、石田ら西軍主脳と意見が合わず、単独戦を決意していた。友軍の小西や宇喜多が崩れても、自若とし、石田の再三の援護も無視し、堅陣に拠って単独善戦を続けていたのは一に薩摩の面目、島津のもののふとしての一分をたてるためである。

午の刻を前後する頃、西軍の敗色は決定的なものになった。西軍は島津だけが残った。ここで、主将義弘は決死の突撃行を敢行することになる。のちのちまで世に称賛される島津の敵中突破である。

そこではじめて島津隊は義弘の命により馬印を折り隊旗を捨てた。いまだ地に倒れたことを知らぬ熊毛一本杉の馬印が泥にまみれたのはこの時である。

島津勢は敵によって陣を崩されたのではない。自ら本陣を捨てたのである。そして玉砕を覚悟で堂々と敵中へ駆け出したのである。ところが運命は島津に味方した。『島津家譜』によると、

関東勢は左右に分れ伊吹山の方へ西国勢の敗北致し候を追駈け馳行候故其跡の道少明　申候

（傍点筆者）

島津勢はわかりやすく記すと、比較的スル〳〵と敵の只中に進入し、「この分ならば」という脱出への希望が湧いてきた。その結果が見事な敵中突破となるのである。井伊直政が後陣にあって彼等島津勢を認知したのは、彼等が桃配山から東に連なる山の端に入った頃である。島津は殆ど危地を脱していた。つまり島津勢は自ら陣をすて類のない前進的退却を果たしたのであって、陣所を破られたわけではないのである。更にいえば、直政はこのこぼれ者の一団である島津勢を無理に追撃し、致命的な重傷をうけることになる。

だから、この画にあるごとく、直政が島津陣を撃破したり潰乱の陣場に直政が臨んだという状況は実際にはなかったのである。このことはたんに島津士人たちのみならず薩摩全体の名誉のためにも、一言しておく必要がある。

はじめのところで、この画は関ヶ原における直政の武勇を描いたものである――という相見

香雨の解説を前提の事実として記して行くと書いたがこれには訳がある。画面上だけでは戦場を明確に即断決定させてくれる情報が足りない。一瞥では、井伊直孝の大坂冬の陣とも思えないこともない。そうでなくとも直政の係った他の戦役か、又は直政、直孝二人のいずれかに仮託した赤備えの戦闘図かであるかも知れない。

関ヶ原合戦は午の刻を過ぎた頃に終局を迎えた。激戦の中で伊吹山の中腹から東へむけ鈍く動いていた暗雲はやがて山裾一幕をくもらせる。秋の伊吹山麓の雨の気配はいつもこうである。やがて空からは冷い風と共に雨がふり出した（記録では夕方から大雨となる）。画面よくみると、白くゆるやかな斜線が幾筋も描かれている。写真では注意しないとわからないが、まちがいなく雨である。画家はちゃんと書きこんでいる。枯葉も舞い散っている。なるほどこの時の関ヶ原の状況だ。ここで島津の陣幕のこともそれとなく諒解される。要するにこちらに余分な情報があるだけ本気に考える上では一寸手間がかかったのである。なまじな知識は素直に絵を解する上では邪魔になりかねない。

近代の歴史画、特に甲冑類を採り入れた作品の批評や解説を読む時、いつも不満に感じることがある。それは論者が、描かれた甲冑武具について殆ど書かないことである。ヨロイやカブトに対応する興味や知識がないから、その面については一歩も踏みこまない。踏みこめないから、何かもっともらしい「風景や心象描写」の範囲にとどまって、読んでも実につまらなくガッカリすることが多い。これは筆者だけでなく、甲冑武具に多少趣味や心得ある者なら誰しもが抱いた思いであろう。たとえば、画家として大家である以上に甲冑研究の玄人であった前田青邨や小堀鞆音などは、美術評論家と称する人々が自作について書いているのをみて、決して満足などしていなかった筈である。愛想笑いぐらいは世渡り上やむを得なかったとしても、内心は笑止な思いをしていたにちがいない。

本作に係って井伊家の歴史や武器に係る考証めいたことをやや細かく記してきたのも、そういった風儀への一種の抵抗ないし反動であり、また、発表の対象が甲冑研究の場であれば資料記録として参考に資するのではないかと思ったからである。

既述のごとくこの作品にはかなりの史的誤謬を認めざるを得ないが、まず顧慮しなければならないのは、画家は歴史家ではないということである。この当り前のことを承知した上で、本人も含め我々は「歴史画」のむつかしさにむかわなければならない。歴史的あるいは史料的な史実と絵画表現の作法は全く別個のものでありながら、両者は必ず不背、不離の間柄でなければならない。換言すれば、表現はいつも歴史という証拠の鎖に拘束された所からはじまる。その羈束から、いかに自由を得て、高い芸術性をもった、より真実的な歴史というものを表現するかである。

本作において小山栄達画伯は井伊家の資料を採集し、その中からとるべきものを採り、更にデフォルメを加えて画面を六曲一双の屏風に仕上がるよう構成した。史実的に問題のある法被の形状や色合いも画家の胸三寸にある。史実などは本当のところは知らなかったであろう。知っていたところで、作者はこれでなければいけないのである。

改めて全体を眺めてみると、右隻において画家のエネルギーはおおよそ費されている。左隻は喊声も一段低く、後続が心配される位で、厚みに乏しくやや淋しいほどである。この淋しさ、空しさは戦いの終焉を予告しているといい方に解釈したい。

この作品が世に出たのは大正七年（一九一八）画家三十三歳の時である。時代と年齢を考えなければならない。それ迄歴史画として描かれ続けてきた源平を舞台にせず、近世劈頭の関ヶ原合戦、それも天下唯一の赤装軍団にスポットを当てた。源平を描くことは無難であるが、マンネリの気味は免れない。作者は赤備えの集団を極めて動的に捉え、そこへリアルな西洋近代画の息吹きを思い切り叩きこんだ。冒険が成功したのが本作である。これを眺めていると、天下に著名する大坂夏の陣図屏風の甲冑風俗が殆ど抽象であることがわかる。参考に師の小堀鞆音が、井伊直政を描いた図（本来三幅対―本多忠勝　徳川家康　井伊直政―『弦之舎画迹』）を揚げる。昭和五年六十六歳の作である。師弟、静と動の対比である。作者は三十七歳で世を去った。小山栄達画伯の早逝が惜しまれる。

前九年や後三年、平治物語絵巻などにおける武装風俗図には細微で勁直、そこには省略があっても尚真実のあるリアルな大らかな描写があった。しかしそれはその後何処へ消えたのか。

鎌倉時代でこの種の絵画創作のエネルギーは消耗し、近世初頭における風俗図の盛況で再び息を吹き返したかに見えるが、絵画技術の細部においては両者にはなお大きな懸隔がある。結局全く姿をかえた近代画法の写実を迎えて武者絵や合戦図などが革命的に再生するのであるが、そのような変遷の過程、衰頽からの再生の姿をゆっくり考えてみたいとかねてより思っているが、とても大仕事で出来そうにない。しかし偶然この稿は、そんな贅沢な夢の一片を実現させてくれた。（日本画家小山栄達は本書収録の「山上八郎の手紙」にも登場する。）

第三章　遊甲春秋記

日本甲冑武具研究保存会

春秋という言葉には大略、単に歳月、またはその経過を表す場合と、孔子のいわゆる春秋における筆法——というような、一種微妙な表現でありながら、内にひそかにきびしい褒貶《ほうへん》を表す意味合いを修していう二つの用法がある。例えば梅崎春生の小説『ボロ家の春秋』は前者であり、今は本義が閑却されているようだが『文藝春秋』は後者である。本稿は読み人の読み方次第で前者とも後者とも解釈してもらっていいが、読み捨てモノとして気楽にみてもらうのが一番かもしれない。どちらにせよ、甲冑武具に半世紀もかかわってくると、いかな鈍骨の春秋にも語り遺しておいて無駄でないこともあろうというものである。このことを多少勧めてくれる二、三の知友もある。お付き合いいただいたら幸いである。

筆者が日本甲冑武具研究保存会に入会したのは二十代半ばだったと思うから四〇年程昔にな

る。会員としては多分最古参に属するはずである。

その頃本会は先年故人となった笹間良彦氏が実質的に主宰し、近畿では高津義家、藤原宗十郎、難波元雄、上田綱次郎、山田紫光といった人々——今はいずれも故人だが——が中心であった。白綾氏などもただ今では御髭を蓄えた立派な審査委員氏に成長されたが、その頃は筆者より入会は少し早い位の、まだ新参会員の一人ではなかったかと思う。

甲冑関係記事を読みたいのと、多少の発表もしたいというのが入会の動機であった。他に何の目的もなかった。元来がグループに属してその差配の下に動いたり、指示に従ったりするのは嫌いで、あるいはその中で一種の野心をもって手練手管を弄するなどは性にあわない。人付き合いは遠慮して、早い話、本だけ見ていたいという当初の動機は純粋なまま今も全く渝《かわ》るところがない。

笹間氏主宰の頃、彦根に住んでいた筆者に滋賀県支部を設立したらどうかという慫慂《しょうよう》があったが、そしてそれはかなり熱心な勧奨であったけれど、結局本職多忙を理由にお断りした。今、昭和四十五年十一月の甲冑武具研究（第二三号）の編集後記に「……北関東にも三多摩地区にも、琵琶湖のまわりにも中部地方にも支部結成の動きがみられる……」とあるのがそれであるが、他所は知らず、当初琵琶湖のまわり云々は聊《いささ》か先取りというか、結果的には夢幻と終わったわけである。一会員に徹して、時折り武具関係の原稿を書くばかり。会員としての人事交際を絶って遠いところから甲冑武具研究会の動きを眺めるともなく眺めて数十年が過ぎた。こうして遠いところからみていると人々の動きがよくみえて面白い。気障をいえば「古ヨリ俗ニ適ウノ韻ベナシ」(古詩)なのであるが、本人はこれでも〝和而不同《わじふどう》〟を実行しているつもりである。それにしても現在の西岡氏も含めて、歴代の編集諸氏の御苦労は大変であったと思う。これはいかなることかというと、編集の手間や記事の案配のことではない。かつて筆者に寄せられた某有力幹部編集者Y氏(匿名は筆者のあえての判断で、御本人にこのことは話してある)の手紙の一部を少し長くなるが引用する。

――日本甲冑武具保存研究会の会員の大方は、まず研究者としての資質が問われていますが、何より発想の貧困なること、物を見ても論文になる点を見出す能力のないこと、仮説を立てこれを証明してゆく方法の稚拙なることそして何より筆が立たないことなどに、私は呆れております。原稿を書かない人は、論文を執筆する苦労を理解し得ず、批判のみ致します。批判も論旨の根幹にかかわるものならばまだ許せますが、論旨に関係のない末梢的な点を批判するという、あら捜し的なものに終始しております。ミスプリントを見つけると喜び勇んで「どこそこに誤りがある」などと申してきます。これが日本甲冑武具保存研究会の会員の意識であり、甲冑への認識であります。馬鹿馬鹿しくて、……を長く務める気にはなれません。

Y氏の憤懣《ふんまん》は研究者として、そうでない者に向けられた不礼不法に対する正直な感情の吐露である。Y氏のこの思いは研究や会誌の編集に対するエネルギー、差別のない純粋さ、正直さからきている。筆者は本誌の主体はアカデミックな研究本ではなく、あくまで同好誌だと思っている。審査も同様である。アマチュア同好会の年配者が審査員になって同好の者の持ち寄った品々を評価しあっている——と解釈したほうが血圧があがらない。事故や問題が提示されても、そうしておけばやわらかく回避できるのである。そうしたからと申して、会の値打ちが下がるものではない。変に権威ぶって肩肘張らぬ方が、会そのものの無事につながる。このことは意味深長である。筆者もこれ以上喋らなくて済む。ともあれ、投稿する者はY氏の言葉ではないが書くことに配慮しなければならないし、編集者も御苦労千万であるが、論文と本稿のような随想雑文の区分けを遠慮なく明瞭にしてもらったらいいと思う。そして程度の悪い文章はもちろん載せぬことである。

さて、振り返ってみると、前述のごとく甲冑武具と付き合いはじめておよそ半世紀がすぎた。気がついたら甲冑刀剣専門の美術館を開設、一方で甲冑交換会をやり、二、三の甲冑愛好研究団体を主宰するようになってしまった。現在一ヶ月に甲冑（主に具足であるが）を少なくとも一二〇、一三〇領、刀剣は二〇〇振り位はみる。刀剣はともかく、甲冑類をこれほど多く見る人はないのではないか。

井伊家の歴史研究や史料の収集考証をやって来た縁が取りもったのか、名前も中村から井伊になってしまった。筆者の継いだ井伊家は彦根の支藩、越後与板二万石旧子爵家で、五代前の先祖の一人が大老直弼（直弼の二男直安が与板井伊家に養氏となっている）である。

歴史に興味のない人には、旧大名家の跡取りになろうが、先祖が誰であろうが、左様なことは、たとえが下品だが、屁でもないことかもしれない。しかし旧藩士系につながるものとしてなが年歴史になじみ、甲冑武具に手練れしてきた者にとっては尋常事ではない。多少でも由緒のある家筋の人々には、このことは十分にわかってもらえるはずである。

本来「主家」であった家名を継ぐことによって、従来の人生態度に一種の責任を伴った信念が生まれた。信念の如何については、人によっては煩わしくうっとうしいゆえ、ことさらの説明は省きたい。

「人に歴史あり」という言葉がある。振り返れば、その歴史はその人なりに稀有なものである。そしてさらに思うのは、命なりけり、という感慨であり、まがりなりにも無事来道できた天恩への感謝である。その天恩のひとつには、いろいろな人との出会いがある。気分としては筆者が主宰する「日本甲冑史学研究会」について書きたいことがあるのであるが、それよりも先にこれまで出会った同好同学の人々について、その感じ得た何やかやを備忘録的に記しておきたい。長い知り合いでも、何も感想のない人もあれば、ほんの一瞬のすれ違いでも、鮮やかな印象を残す人もある。この点男女の付き合いと同じである。以下、述べる方々について、思い出すままに記すので、あるいは辛口批評のごとくになって、誤解を蒙ることになるかもしれないが悪意に感じないでもらいたい。まずそのようなことはないとは思いながらの前断りである。とにかく、とりあげさせていただく人々について筆者はいつもどこかに好意と畏敬の念を懐いているのである。

藤本鞍斎翁

まず当会会長である翁に敬意を表して、筆頭に登場願うことにする。賞ずるべきはその長寿であり、常例ながら筆者はその賀筵《がえん》に連なることがなかったが、祝賀の心は人後に落ちぬ。いかなる事情によったのか理由は忘れてしまったが、もう三〇年も昔のことになろうか、翁が筆者の彦根の寓居へ来られたことがある。一談畢って、彦根城を案内することになった。もう何百回繰り返したかしれない登城ルートを経、二の丸多聞櫓にある『井伊美術館』に入った。

現在、彦根井伊家の美術品や史料類のほとんどは彦根城博物館（彦根市）の所有となっているが、その頃は彦根井伊家の個人財産であった。そして当時彦根市長であった井伊直愛氏が、個人美術館を市の管理する彦根城天秤櫓内で経営していたのである。現在では考えられない彦根市と旧藩公殿様との間柄である。

筆者はその頃、法律関係の書士業が本職で、他方ラジオの歴史番組を書いたり、郷土の史料や武具収集などをやっていた。

右のような事情で、時々著名な作家や歴史家が訪ねて来ることがあった。そんな時は城へ案内するのが最大の馳走で、筆者のそういう振る舞いは、訪問者に対する最恵国待遇といってよかった。

翁の場合も、つまりはそういうことである。

井伊美術館の展示は、ほとんど十年一日である。

秀吉の長浜城の櫓門を移築したと伝える天秤櫓の内側にある狭い入り口を入ると、入ってすぐ左手に「井」の字の粧軍と「縄取り」の馬標がある。正面には弥千代姫（井伊直弼の息女で高松松平家へ嫁したが、直弼の死後いったん離縁になった）の嫁入り道具の御駕籠、そして左へ折れると大きなウインドウを東西に区分けしたカタチで、西側に弥千代姫の色系威の腹巻（皆具、これも嫁入道具の一つである)東側に井伊直孝の韋威の具足(替具足)が大天衝もののしく威風をはらっている。

翁が関心の声をあげたのは、御駕籠と色韋威の腹巻である。

「――綺麗なものです　ネエ」

期待した直孝の具足にはおことばがなかった。

その余のことは全て忘れたが、この時は何か嬉しいような、哀しいような気分になったことを覚えている。

筆者が美術館を設けてから、翁は何度か来訪されたことがある。尾張の渥美勝章が徳川慶勝から拝領した家康所用葵紋金梨地の鞍の作者（伊勢家正統第七代因幡守貞常作）について示教を受けたことがあり、その旨をキャプションに書いておいたら、翁は大変に喜ばれた。会長などという地位にあると、大抵の者は振りをつけ芝居がかった言辞を弄するものであるが、この点、翁は正直で初心の人である。これは人物ができないと叶わない。平安の古鞍を調査された時も、すぐに調書が届いたし、天下に例のない馬鋏（上杉景勝所用、他）をみた時など、突然幼児のごとき驚きと好奇の眼差しで、研究者たる者いつまでもかくありたいと羨ましく思ったことであった。この時も帰去のあと直ちに貴重な馬具関係資料を頂戴した。

人付き合いの無精者であるから、翁との話柄にも限りがあるが、終わりにもうひとつつけ加えておくことがある。

昨年茨城県立歴史館が開館二〇周年を記念して『戦国大名・常陸佐竹氏』の特別展を開催した。この展覧会に佐竹義宣や伊達政宗に係る武具関係の資料の貸出協力と考証協力をしたが、某日、翁から電話がかかって来て「右の展覧会につき会場で解説をすることになった。そこで二、三チョット教えていただきたいのですが……」

翁が解説することになった事情は健忘したが、多分甲冑会関係の人々の研究の折に行われたものだったと思う。電話での質問の仕方は極めて丁寧で、TPOが明瞭であった。普通このようなことも自意識が邪魔をして、立場上難しいものであるが、これも翁の謙譲と余裕であろう。「チョット教えてください」という電話は二日に一回位は必ずあるけれど、TPOを明瞭にしない非礼な人が多い。この点、小事のようだが翁の作法は鮮やかであり、研究者が基本的に範とすべきことだと思える。

翁の風貌にはにわかに思い出せないが鎌倉・室町の高僧、または戦国群雄の誰かの趣がある。翁のある限り会は安泰であろう。愚詠のごとく長生を祈るばかりである。

前稿の平安の鞍は少し前、鞍斎翁が具に調査されたものであるが、発表後、翁から電話があって、該鞍が栗原柳庵の述に係る『鞍装故実』なる書に所載されているものであることを教えられた。偶然とはいえ、これも不思議な発見だとのことで、筆者も慶喜この上ない。

他にも甲冑武具審査会についての筆者の考え方に同意する意見を少なからずいただいた。気楽な随筆風の文章が取り組みやすいのかもしれない。このように早速に反響があるのは論文では見られないことである。

山上八郎先人

今、筆者の手もとに、古い筐底から抽き出した数葉の書信がある。

拝啓
小生　目下　国史研究のため　近畿の旅八日市ロータリークラブにてコーエン（講演）
いたや旅館に宿泊
小生
御地方史の研究は不十分につき
今後色々
御教示賜度
宜敷、御願申上候　敬具

山上八郎先人から不意の書状が投与せられたのは昭和四十六年秋(一九七一)のことである。文中の八日市は彦根の南西、名神インターのある小市で、「いたや」はそこの古い旅館である。その頃、最初の著作『彦根藩朱具足と井伊家の軍制』を上梓したばかりで、それを知った山上先人がわざわざ購入申し込みをしてくれたのである。その著書はずいぶん促成栽培の粗末な代物で、今では見るのも恥ずかしいが、少ない発行部数と当時としては珍しいカテゴリーを扱ったものであったせいか、すぐ完売されてしまった。二〇年以上前、神田の古書店で一万円近い値がついていると聞かされ驚いたことがある(昭和四十五年十二月刊、四七〇〇円)

さて「山上八郎」といえば、いやしくも甲冑を口端にのぼす者の知らぬものはいない斯界の大先達である。代表作『日本甲冑の新研究』は今もって甲冑を語り学ぶもののバイブル的存在である。その後の研究で多少修正すべき点は出たにせよ、該書の価値を聊かも殞《おと》すものではない。以後。幾人もの甲冑研究家が自称他称含めて輩出したが、山上先人の研究を根本的に抜いた人はいない。いずれも先人の行跡を追い擦《なず》るか、頭足を個々に撫でさするばかりの範囲を出ていないといっても過言ではあるまい。甲冑研究会の偉傑、泰斗の地位はさし当たってゆらぐことはないと思われる。

その後、先人が採史探甲の旅の道すがら、直接筆者の陋《ろう》屋を訪れたことがある。手紙をもらった翌くる年の春の頃ではなかったかと思う。床の間にはたしか大袖のついた美麗な具足を置い

ていたはずだが、先人はそれにはは一瞥《いちべつ》をくれただけで感想らしい言葉もなく、鴨居にあった額入りの古文書を凝視して
「――このヒトは大物ですナ」

ウーム、と呻った。江戸幕府初期の元老井伊直孝が家士に与えた署名のない自筆文書である。その旨の説明すると、

「――書は人也というが、人は書ですナ」

話はそこから筆者が井伊の赤備えを調べているというので、その淵源ともいうべき甲斐の武田や上州小幡の赤具足などに及んだ。

貫前神社の赤具足の写真を示して、兜と面頬はあるいは桃山ぐらい時代は上がるかもしれないが、胴は江戸期であると話すと先人は同意を表した。胴は威毛が耗損しているので、一見いかにも古く見えるが、これはそう見えるだけのことで、実はそう古くはない。当時本誌に永岡利一氏の紹介による上州成重の在銘面頬(上州八幡住成重、永禄四年二月日、面部神号刻)についても写真のうえからだけだが筆者なりの考えがあったからその部分を示して意見を聞いた。わずかな間だが気持ちのいい緊張感が走った。その雰囲気を古い表現をかりて表すと、

「謹ンデ先生ニ問フ　如何《イカン》カ此ノ形姿将又《ハタマタ》銘。這裏《シャリ》古而真アリヤ否ヤ」

というところである。

先人はおもむろに紙面から顔をあげ、特徴のある目玉をギロリと筆者に向けた。次にニタリと唇辺に笑みをうかべ、首を左右に振った。銘の字体も鏨《たがね》もよろしくない。江戸の作品でしょう。面頬の銘字は写真では判断つきかねるが、このようなところへ鐫《き》るのはいかにもわざとらしい——。すべて同意見であった。（現在この成重の銘字や面頬の時代を正真とし、その上で研究している人がいるようだが、検証不十分と思える。第一、室町末期（戦国）と称するような古作の面具にこのような面貌の奥行きの浅いものはまずないといってよろしい。他にも理由があるが、要は知見する量が乏しいのではないか。少し古く見える面頬に好事の者が成重や年号神号を刻み込んだとみえる。その行為は字体に研究のあとが窺えるから江戸より後のことかもしれないと筆者は思う。）

序に小幡家（勘兵衛景憲の一族——井伊家士）の具足についていた古い朱塗りの面頬を見せると、果たして先人の曰く「——古作はこれでないと……」

満足であった。

あまり時間がないということで彦根城ガイドはなかった。ただ第一印象に刻み付けられたのは異性に対する目配りである。

最初、家人がお茶を淹《い》れて差し出した時、先人はその面貌に視線を当てたまま微塵も逸《そ》らさず、やがてそれをゆるやかに全身に及ぼし、さらに退出する後姿を最後まで追った。断ってお

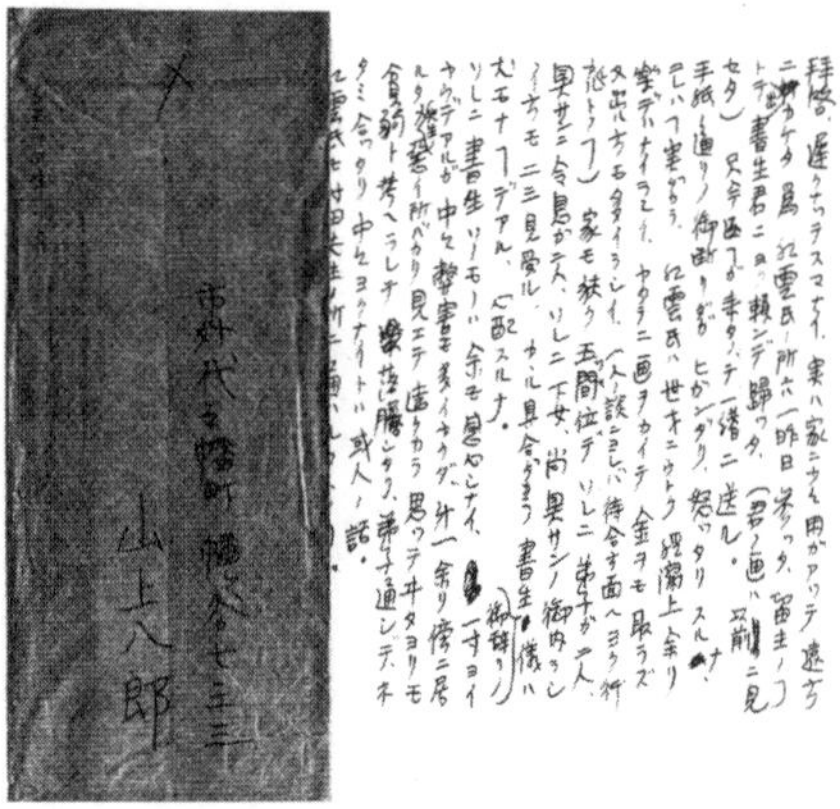

山上先人書信

くが、家人は十人並みである。

ふつう、男性は初対面の女性をあまりジロジロとは視ないものである。遠慮というか視ていても視ないフリをする。これは異性が異性に対する作法というものであろうけど、先人にはこの常識は縁がなさそうであった。まさに目で舐めるという感じであったが、すぐれた作家にもこの種の人がいる。ある有名女優が「川端（康成）センセのそばは怖《こわ》い」とか何とか、そのようなことを喋っている記事を大昔読んだようなおぼえがあるが、これはつまり、女性を目で裸にしてしまうのである。言葉が生々しすぎるが、いわゆる視姦で、作家に限らず第一級の人物はおのが視線ひとつで、対象の全てを掴み取ってしまうのであろう。ということは何も女性に限ったことではなく、絵画彫刻でも、甲冑刀剣に関しても、くわしい専門的知識や理論は関係なくそのままの真価を見抜いてしまうということである。

山上先人における眼のおきどころは、なべてそのように厳しかったものであろうと思う。「奇人」という冠詞もそのあたりから生まれたのであるはずだが、それらの些事《さじ》は先人の大きなしごとをいささかも貶《おと》すものではない。世の中の石部堅（金）吉たちは、優れた学者は同時に優れた人格者たらざるべからずとする黴《かび》の生えた古経を誦したがるが、傑物は区々たる小市民的常識の枠で押さえかためることはできない。それはたとえば彫刻刀しか扱ったことがない中学生の工作教師（現今、このような職階がありや否やは知らない）が、運慶や湛慶の鑿《のみ》の痕を批判し、今流のマスコミ武芸者が、塚原卜伝や上泉信綱の兵法を矮小化して語るようなものである。運湛にはそれぞれのノミの遣いよう、卜伝・信綱にもまたそれぞれの剣の把《と》り方がある。そしてかれらの対象にむかい坐の決め方、姿勢というものは実に独歩高邁なものだ。そこらあたりのありきたりに理解されるものではなく、もとより遠く及ぶところではない。先人は甲冑研究の分野における、まさにその類に属す

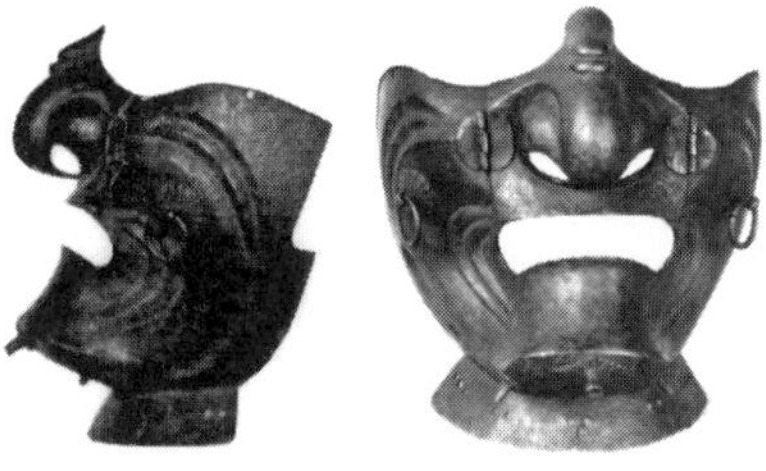

上州成重銘の面頬

朱塗古作面頬（著者旧蔵）

る稀有な人であった。

先人は二十代の後半、早くも日本甲冑研究の大統を果たした。しかしその後、憩《いこ》わざること飛蓬のごとき猟甲探史の旅があったが、大統のあとのさらなる展用あったかどうか、遺憾ながら、旅の成果を後進のわれらに示すところは少なかったように思う。もとより、人生に完成などありはしないから、これでいいのかもしれない。それ以上をわれらが望むのは烏滸《おこ》の沙汰であろう

先人が西海の羇旅中、小倉において客死の報を聞いたのはそれから何年もあとのことであった。訃報を知ったとき

「――古来征戦、幾人カ還ル」

そんな古詩の一節が脳裏をよぎった。

伊藤一郎氏

伊藤さんのことは筆者の旧著で書いているので、いささか重複するが厭《いと》わず紹介しておきたい。

この人は屋号を「壷彦《つぼひこ》」といった彦根の道具屋さんで、知り合ったのは昭和三十年代後半であったから、もうかれこれ半世紀も昔のことである。

屋号の通り、本来は壷が好きであったのだが、店には古物の壷とまともに称するほどのものはほとんど存在したことはなかった。和洋の古書の狭間に雑器が埋没しているといった風な状況で、小柄な店主伊藤一郎さんもその中に埋没して違和感がなかった。四畳あるかなしかの横長の物置を改造した借店で、冬は石油ストーブをガンガン焚くものだから、火事になりはせぬかと他人事ならず心配した。伊藤さんは北近江の醒ヶ井というところにある養鱒場の場長を辞めてから骨董の世界に入ったという、当時としては珍しい〝学士古物商〟であった。当然ながらサカナでは専門の学者であったが、学者にありがちなクサミは微塵もなく、かといって野卑なところも全くなく、知的な人士であった。

伊藤さんからは彦根藩、特に家老宇津木家に係わるものを中心に武具類から古文書に至るまで預けてもらったのが印象に残る。

宇津木家は三〇〇〇石級の重臣（大老井伊直弼の公用人をつとめた宇津木六之丞は分家である）で、先祖が、稲富一夢の高弟であったから代々稲富流を伝える砲術の家であった。砲術の家宇津木ゆかりの物については忘れ難い思い出がある。

退屈な書士の仕事に倦《う》んだ某日、伊藤さんの店を訪れると、薪木のような材木がたくさん積まれてある。遠目に見て薪の山のように見えたのは火縄銃の大筒の台木（銃床）であった。太平洋戦争で銃身は供出の憂き目にあい、筒の台木だけが遺されていたのを伊藤さんは買い出してきたのであった。

伊藤さんは買い出した先を決してあきらかにしなかったが、この種のものは筆者には大抵親許がわかった。台木の山は夥しい数量で、家老宇津木の家から払い出されたものであった。当時は本当に薪にでもするしか使い道がなかったほどの代物だが、今頃どうなっているのか。後造りの、いわゆる新物の大筒などに古い台木が用いられているのを古物マーケットなどで見かけるが、あのようなモノに利用されて、心ならずも再び復活しているのかもしれぬ。

肝腎のヨロイの方であるが、彦根の朱具足関係のものが多かった。一領完存は少なく、どちらかというと頬当とか鎖頭巾とか籠手といった部品が大部分を占めていた。井伊家時代以前の室町桃山の古鎧もあった。まだ当時は彦根の郊外のムラの旧家には、そのような貴重すべき遺品が眠っていたのである。これらの中には、その後転々として大変有名になったものもある。

伊藤さんは骨董、古物商にありがちな、モノをひねるということをしなかった。仕入れ値に少し口銭を乗せただけで、気軽にいとも未練なく譲った。

「……ナニ、どのみち、一時預かりですよ。この世の中、最後は己の身ひとつ。それさえもホントの最後にはなくなっちゃうんだもの、好きな人のところへ行けば、品物はそれで満足している。それでいい」

仕事で退屈したときはもちろんだが、ちょっと面白くなかったり行き詰まったりしたら大抵、伊藤店詣《まい》りである。モノの考え方の基本的な線が私とよく似ていて、

――俺は若いが、自分の考え方、行き方は間違っていない。

という自身を裏づけ、あるいは補強されることが有難かった。

前述した通り店は狭く、伊藤さんの他に客が一人座れば、あとは立ちんぼ。身動き取れない窮屈さであったが、ここで半時間も喋っていると、心が寛やかになり、気持ちがすっかり落ち着いた。

「……ナニ、そんなこと、少しも構やしない」

「そりゃ、アナタが正しい。ナーンニモ、気にすることなど、ありませんヨー」

われらの江州訛りでない、江戸風の明快な語り口が今も耳朶に残る。

伊藤さんは読書家で本は大事にするが、モノはあって無きがごとき扱いであった。山積された和洋書のはざまから朱塗りの面類や、籠手の端くれが現れる。発掘作業は客のする仕事で、来訪者はまたそれが大きな楽しみであった。

鈴木大拙や澤木興道の禅に係るものを読むようになったのも、この伊藤さんの影響である。

ただチョット困ったのは、先にも少しふれたが冊子の古文書記録類で。〇〇蔵などと親許が

あきらかになるものは塗抹されるか削り取られることだった。売主への配慮であるが、資料的には価値を損ずるので、残念であった。

伊藤さんはその頃すでに六十を越えていたはずだが、いつも口の両端に唾液が泡になって溜まっていて、小柄だが精力家であることが窺われた。その方面の武勇伝というか、失敗談や愉快な話も、本人や他の人の噂で聞いたこともあった。伊藤さんはヨロイのことは素人にちかい人であったが、人間の生き方ひとつの基準というものを教えてもらった恩人である。筆者が京都へ出て五年後（昭和六十三年）に亡くなった。八十七歳の大往生であった。

八木原太郎作翁

前回、彦根の古美術商「つぼひこ」の伊藤一郎さんのことを書いた。この店の常連だった頃、あれはたしか『彦根藩侍物語』という小著を出してまもない、昭和四十年後半——今から三十五年ほど昔のことである。

その日も例によって伊藤さんを訪ねたら、一通の封書を渡された。差出人は「八木原太郎作」とある。

これが翁と私の出会いの始めである。内には手紙と幾許かの現金が添えられていた。

「──あなたのファンで、お年寄りだがたいした人ですよ」

もとよりその名を知ったときは、大した人が何を意味するのか判然としなかったが、あとから段々わかってくることになる。

翁は私の拙い書き物に感心してくれたらしい。同封の金子は本代の足しにでもして下さいとの事。後で知ったことだが、翁は帝国陸軍の軍人、それも最終的には中将にまでのぼった軍隊時代なら雲の人の上である。

彦根出身の軍人は、薩長閥がハバを利かせた帝国軍隊の中において、よほど旨く行っても佐官止まりであった。筆者の知る限りでは、将官までいった者は翁を入れてわずかで三人。一人は日露戦争、旅順で白襷《たすき》隊を指揮した中将中村覚《さとる》、同じく日本海海戦の三須宗太郎（両人いずれものちに男爵）そして翁である。彦根人が軍社会で出世できなかったのは、大老井伊直弼の安政の大獄による。

八木原翁には早速礼状を出すと、すぐに返事が来た。翁が二十歳台の明治三十七・八年頃、彦根には旧藩時代の古老がまだたくさん存在していたが、昔噺を聞かされても、またか、という気がして、本気で聴くことをしなかった。その後もそういう機会はいくらもあったが、熱心に聴かなかったことが今頃になって悔やまれる。もうこんな年寄りになってしまったので、昔噺はあえてしないことにしていたが、あなたを発見して昔の話を聞いてもらいたくなった。ぜひお会いしたい……。

翁の家の床の間には、伝来の朱具足が飾ってあった。八木原氏は上州箕輪の近傍、八木原（現渋川市）の出身で、元来の主家は長野氏であった。長野氏が信玄に滅ぼされてからは武田に属し、武田滅亡後は主取りせず浪人していた。

井伊直政の庶子直孝が伏見在番の頃というから大坂の陣の前位に「直孝様御存知の者」というので直孝のもとに召出され仕官した。家譜では太郎右衛門信義をその初代とする。それから数えて十二代目が翁である。

石高は時代により増減があるが、四〇〇石から一五〇〇石位で、藩の士級としては中士であるが、いわゆる上州衆で、家中における筋目は古い。

上州長野時代の標準的な赤ヨロイであったが、その前で何度か翁のヨロイ話を聞いた。甲冑の部分用語など、一般的でない独特のものがあった。いま、すぐにその全てを思い出せないが、たとえば桶側胴の一段を打ち延べ札頭を山形に丸く大きく裁断したカタチのものを「大札」といったり（この表現は彦根井伊家の甲冑記録中の用語としても普遍的に用いられている）、笹縁を「真田」と称したり。笹縁というのは元来、甲冑の布帛部分のへりを擦れや摩耗から護るための織布や組紐の類であり、たしかに真田編みのものもあるが、むろんそのような組成が全てではない。紺と白の啄木系で威したものをコザクラ（小桜）威というのはほとんど異色であり他では通用しない。具足櫃の蓋が身に覆いかぶさって喰み出す古式の櫃の方式を〝釣鐘張り〟と教えられた。

翁の表現は、彦根藩井伊家における甲冑にかかわる用語としては、一般的なものであったと思える。

ゆらい甲冑に係わる「言葉」というものも、無神経にみれば一応定着しているようにみえるが、その定義なるものはいまだ歴史的学術的に研究整理はされていない。途上であるといってよいであろう。そう考えてくると、翁の用語解説もあながち閑却すべきではない。

その他にも武甲における何やかや、無数に聞いたが健忘しているので、その時々に遭遇しないと思い出せない。

それよりも当時の筆者にとって一段興味を惹かれたのは、翁の祖父宇津木泰翼にかかわる幕末実歴譚であった。

宇津木泰翼の「泰翼」は実名で、ヤススケと訓む。初名を左近、転じて幹之進、維新後は泰翼の名を修して単に「翼」とし「タスク」または「ツバサ」といった。

上州筋目の門閥家老宇津木下総泰交の四男で、大塩事件で、平八郎を諫めて従容の死についた槍の師範宇津木静区や直弼亡後、藩政改革をした岡本半介宣廸（黄石）は叔父に当たる。主君井伊直弼（宗観）の茶道の高弟で「宗志」の号を賜り、直弼の一座建立にたびたび招かれ、公用人宇津木六之丞につぐ側近であった。

現今、宇津木家の菩提寺多賀の高源寺に残る泰翼の賛碑（岡本宣成撰、宇津木豊吉書、井伊直憲篆額）によれば、享年七十八歳、明治三十一年の逝去で、平素の容貌雄偉、髯髪雪の如し、とある。

直弼桜田遭難の朝、藩邸へ水戸浪士襲撃を知らせる何者かによる投書を直弼に届けたのを、直弼の出門後、机上に開扱放置されたままの投書を発見したのも、この泰翼である。泰翼は翁の青年時代（十八歳頃）まで生存していたので、いろいろ昔噺を聞いたと思うのが普通であるが、泰翼自身、往昔談にはあまり熱心ではなかったらしい。翁も若い時分は彦根の昔話などにはあまり興味がなかったせいもある。老年になってこのことは後悔しておられる。四五人の無頼の漁師を湖上で一瞬のうちに水に落とした老武芸者のこと、足軽の組屋敷の道の端から端、二〇〇メートルほどの間を廃藩後の旧武士と旧足軽が喧嘩刀傷の果て、五、六時間も切り合い走り廻った挙句二人とも死んだことなど、翁の旧藩古老より伝聞のまた聞き話のひとつである。

八木原翁は体躯堂々の偉丈夫であった。これは泰翼の長女を母にもった祖母からの遺伝であろう。翁の実働人生の全盛は陸軍参謀の中佐から大佐の時代であったであろう。敗戦後、満州にあって、逃亡する兵たちをあえて見逃したという話は歴史話と等量以上の重さで印象に残る。巨きな体、茫洋とした表情、訥々とした話しぶり、今も脳裏に鮮やかである。

昭和四十九年(一九七四没)、享年九十三。

山田紫光翁

有識研究家で甲冑武具にも造詣深く、かつては本会の審査員も務めていた山田紫光翁の名を識る人も近頃は少なくなった。筆者が翁と相識ったのはいつ頃か。もう記憶はとうに薄れているが、先日筐《かたみ》の底から翁からの一辟の書信を見出した。その中に左の如きがある。

御名前を久しくき丶乍ら未だ拝眉の栄を得ません。……乍突然彦根藩赤具足につき少々御教之願いたいのですが……

これは消印に昭和四十九年(一九七四)十月二十七日とあって紫光翁自身も同日の日付で書いているから三十五年も昔のことである。以下引用は省くが、質問の内容は井伊家具足類における冑鉢の種類、威の色目、上級と下級士の様式の相違などで、これが紫光翁との文信のまず最初のものと考えていいだろう。もちろん返書したはずであるが、内容は覚えていない。十月二十九日付翁からの再信がある。

拝復御懇切なる御返事に接し感激致しました。…（礼文略）…実は米国から逆輸入された赤具足を一領所持致して居り、鉢は八枚張阿古陀後立角元眉形もあり、八幡座の金具からみて足利末期と見られますが…（中略）…何分研究不足で一度期を得て御批評を得度いと存じ居ります。

しばらくしてまたハガキを貰った。翁は彦根城の花見を逃して残念だと書いたあと、筆者の研究進捗の如何を問い、最近は揮毫と雑事に明けくれている。近く高津古文化会館で新出甲冑十数領の展観があるので、いずれ案内するが、この頃は具足が面白くなってきていると締め、さらに行間五行にかけ朱のボールペンで追而書を加えている。

〇（赤丸）赤具足の臑当はなれものが在りましたら御通知願います。傷んだ櫃に武川源　介と貼紙がある具足を入手しましたが臑当がありませんので、先は右御願迄

筆者はまだ翁所蔵の赤具足を見ていなかったが、この朱字の追書に心が動いた。上賀茂の山田邸にお邪魔したのはいつのことか。詳しい日時は古い日記でも引っくり返さない限り判然しない。翁の家はもとは上賀茂神社の神人の邸でもあったのだろう。やや背の高い

植込垣の北側の一方に小さな門があって、田舎風の玄関の障子戸をあけると、三和土の土間があり、右手に上り框がある。三畳位の応接、ここは書庫のようにぎっしりと書籍が積まれてあり、その奥の座敷（八畳位か）が翁常住の間である。座敷の左奥にさらに二間くらい設けられてある。田の字の間仕切りをもった典型的な田舎屋の平屋造りで、座敷の西面に小じんまりとした小庭もある。土間に入った時の一種湿りをもった饐《す》えた匂い、ただ単に古い屋敷というだけではつかない。多種の古物が一群となって醸し出す独特の匂いが今は懐かしい。

早速赤具足をみた。

時代は桃山江戸前期。典型的な彦根鎧である。胴裏にたしか彦根藩の武具方云々の書付けが貼ってあったが、字体は一見古そうだが、これは全く後代の作り物。第一、そのような職名は井伊家にはない（しかし、塗りの技巧が特殊で、その塗漆法は筆頭家老木俣氏のみ使用できたものであることがずっと後、判明した）。

現今では貴重な赤具足の古作である。そしてこの具足はのちに井伊家の重臣木俣守安が大坂夏の陣に用いたもので、可愛がっていた武川源介という若者が島原の役に出陣するとき、餞別として贈ったものであることがわかった。筆者がはじめに興味を抱いた翁のハガキの文中にある「武川源介」とはそのことである。

件の赤具足は、その後すぐに翁のもとから姿を消した。この赤具足が二十数年も後、再び筆者の前に姿を現すことになるのだから人生はわからない。モノの因縁はおそろしいところがある。筆者と井伊家重臣木俣家の資料は他にも不思議の因縁が少なくない。

ちなみに武川氏は武田氏ゆかりの侍で、いわゆる甲斐武川衆の一統であり、一条、米倉、折井、跡部、曲渕、入戸野などは皆一族である。

翁は平素温順な風貌で人に接していたが、その実、性は狷介《けんかい》で一筋縄ではいかぬところが感じられた。特に甲冑における同学諸氏に対する批判には仮借がなかった。論題にもならぬテーマをあげて冗漫な論文を書き、批判しても反論できない某、修理依頼を幸いに古札を失敬する甲冑修理人、無断引用はもちろんのこと平気で他人の研究をわがものにして恬と恥じぬ某、無知な博物館学芸員等々。平素いろいろ忿懣があったようで、その舌鋒《ぜっぽう》は徹底して鋭かった。

晩年の翁が特に情熱を燃やしていたのは長らく蒐集保存してあった南北朝の兜や大鎧の小札金具類を一領に仕立上げることであった。翁が当代の甲冑師として、信に足る人物として白羽の矢を立てたのは三浦公法氏であった。昭和五十五年(一九八〇)のことである。翁が、この大鎧の威しの色目を櫛引八幡宮の鎧に範を採って「白糸威褄取」としたのには、いろいろな考証工夫の挙句のことで、その苦労話を訪問のたびに聞かされた。話の内容はほとんど忘れたが、その話をしている最中もずいぶん楽しそうであった。

この時のことを最近、三浦公法氏にお尋ねしたら、この制作に要した期間は前記の年からざっと二年半。その間何回も京都上賀茂の山田邸を尋ね、左右《さう》の検討を積み重ねたのが今では楽しい思い出で大変勉強になったという。こういう時、読み手の興味の最も及ぶところが費用の如何である。大抵はこの最も重要なところがぼやかされて曖昧にされる。

この制作費用はおよそ三五〇万円であったという。これは三浦氏の了解を得た上での金額公表である。後々の貴重な研究記録のひとつであるから発表を諾されたのであるが、この三浦氏の度量も称賛されるべきものと思う。

「――しかし、そのとき紫光先生に画をお願いして一〇〇万円程揮毫料を払いましたから、実際は二五〇万位ですか」

といって呵々と快活に笑われた。画題は「義家雁の乱れをみて伏兵を知る」という映画や芝居でいえば、四十七士の吉良邸討ち入りのような定番名シーンである。別に特大号でない翁の画に一〇〇万円も大奮発であるが、あの頃は現在の三〇万位の具足が七〇～八〇万、一〇万位の脇差が三〇～四〇万した。実に時代が良かったというべきであろう。

いろいろ翁については他にも語るべき事柄が多いが、筆者が翁を思い出すと脳裡に必ずよみがえる一幕がある。

いつぞや例によって古い兜鉢を見てもらった時のこと、翁は本体の姿をしばらく眺めて、さて兜をもちあげ鉢裏を目の高さにもちあげ、中をのぞこうとした時、どうしたはずみか兜鉢が手から滑って、したたかに翁の脳天を直撃した。たしか「カポッ」という音がした。頭骸骨から音が出たという妙な実質感のあるカポッであった。笑いたかったが、笑うわけにはいかない。いつも思い浮かぶのは、その時の痛さをガマンして素知らぬフリをしようとした時の翁の困った表情である。

昭和六十三年(一九八八)、八十四歳、天寿を全うしての長逝であった。

徳川好敏公

ほんの一瞬のふれ合いでも、その人にとって何か大きな痕跡を心にとどめさせる人がいる。徳川好敏という人は筆者にとっては、まさにそういう人である。

昭和三十三年~四年(一九五八~一九五九)、高校一、二年生の頃であったと思う。母と二人で東馬場町という彦根旧外濠に沿った道を歩いていたとき、

「──あのひと、日本で初めて空を飛んだ人やデ」

母が突然向こうから来る人を視線で示して囁いた。

「え!? 誰?」

「徳川さんちゅう人や」

その人はそんなに背が高くない。痩せていて自転車をこいで、すぐに私達とすれ違った。

「――徳川さんて、そんな嘘や、ヒコネに徳川なんていう人、いるはずないがナ」

その頃の筆者にとって「徳川」と名告《なの》る人はもっと貴公子然とした、たとえば雛飾りの男雛のごとき風姿であるべきであった。眼前をよぎった人は、もちろんもう老人であったが、それにしてもやや貫禄に欠けていた。よくいえば、今にして思えば、一種人生を達観した、飄然《ひょうぜん》とした風貌がその姿形の裡にはあったはずだが、当時の餓鬼少年にはそんなに人物を深く洞察する力も余裕もなかった。

「――日本ではじめて空を飛んだ？　じゃァ、パイロット？　軍隊の」

やっぱり嘘に違いないと思った。

その老人にはその後もたびたび、巷で擦れ違うことがあった。自転車の時もあれば、徒歩のときもある。そのうち、彦根だけの小型判の町新聞にその老人、徳川さんのことが紹介されてあった、母のハナシはホンモノであることがわかった。

それから、どれだけの時間的距離が空いたかさだかではない。

高校時代、筆者の勉強会は、今は移転してなくなっているが、市内四番町にあった市立図書館の自習室であった。自習室は二階にあって、図書室に「コ」の字形に隣接して設けられてあり、出口が読書室と共通の踊り場というか、狭いホールになっている。その片隅に、筆者が書き物に何度か紹介したことのある彦根藩士の子孫が寄付した赤ヨロイが古い木枠のウインドの中に窮屈に飾られてあった。

筆者はここへ来ると、必ずこのウインドーの前に佇立《ちょりつ》してしばらくの時間を費やすのを常としていた。もちろん、階段を上がって来たら「よっ！」と心中、ヨロイに声をかけ、帰る時もまた必ず、「じゃァ、ナ」と心の中で挨拶する。自習室で一時間も机に向かっていると欠伸が出て、勉強に倦《う》む。そんなときはもちろん、ヨロイの前である。

その日も、そんな調子で、ウインドーの前にいたら、背後から声をかけた人がいる。少し驚き気味で振りむいたら、そこにあの徳川さんがいた。

「――キミはこのヨロイをよくみているが、よほど好きなんだネ」

筆者は跪《しゃが》んでいたらしい。その時、たしかに立ち上がった記憶がある。「そうです」と、ややハニカミながら答えたら、

「――この頃の日本人は、このような歴史の遺品を大切に思っていない。キミがそれほどヨロイが好きなら、これを研究し、かかる物の大切さを教えるようになってほしい」

徳川さんはその時、わずかに唇辺に笑みをたたえ、筆者をみつめた。しっかり見返すゆとりはなかったが、頬骨の尖り気味の、細面《ほそおもて》に、明晰《めいせき》な双眸《そうぼう》があった。

筆者は心付かなかったけど、徳川さんは読書室の方によく出入りをし、そして筆者がヨロイ

を熱心に見ているのを何度も見ていたらしいのであった。

徳川さんとのはなし、――といっても一方的であったが――はそれだけである。このときの徳川さんの言葉の中で、「かかる物」といった文語的言辞が強く印象にのこった。

やがて徳川さんの姿は彦根で見なくなった。そのうち筆者は高校を卒《お》え、彦根を去った。

あのときの徳川好敏さんは、やっと十代後半になりかけた筆者からみれば、完全な老人に見えた。今、当時の徳川さんの年齢を算えてみると、恰度《ちょうど》現在の筆者と同じ位の年齢(六十五歳)であるから、この表現は事実である。人間年歳《とし》をとると、姿形に力が無くなり、盛年の迫力、オーラを喪う。印籠もお付人もない水戸黄門はただの爺さん。実際は凄い人であるということなど知りようもない。

「徳川」を名告る真の資格を持つ者は、大徳川家、御三家、御三卿、それにこれらの家に続くゆかりの人々に限られる。徳川好敏さんは御三卿の一、清水家の当主で旧男爵であった。歴史を知る者なら、もうそれだけで立派な由緒のひとであることがわかるのであるが、この人はただ家柄だけの人ではない。

はじめの方の母の言葉、日本で初て空を飛んだ人――というのを書いたが、徳川さんは陸士第十五期の卒業で、明治四十三年パイロット訓練のためフランスに渡って帰国後、東京代々木で初飛行に成功、日本人初のパイロットとなった。

その後、陸軍の航空分野で指導的役割を果たし、昭和六年（一九三一）陸軍飛行学校長、同十年陸軍中将となる。同十二年には臨時航空兵団司令官となって支那事変に出陣、翌十三年航空兵団司令官、同十四年予備役になったが、さらにその後陸軍航空士官学校の校長を務めた。まこと、燦《さん》とした軍人履歴である。家の由緒よりも、並でないエリート軍人であったことがよくわかる。

こんな徳川好敏さんが、一種場違いとも思える当時の片田舎である彦根にいたには訳がある。場違いというのは、徳川さんは旧一〇万石格清水家の当主であるが御三家の水戸系の人で、幕末の黄門斉昭は曾祖父に当たる。斉昭と筆者らの祖先直弼とは政敵の間柄、つまり徳川さんにはあまり気分の良い土地柄ではないのである。

それなのに訳が——というのは、奥様の千枝子氏（松平忠威氏長女）が、彦根最初のカソリック系幼稚園（聖ヨゼフ幼稚園）の創設に尽力され、初代の園長に推された。徳川さんはクリスチャンの奥様の使命に従う格好で彦根に来往せざるを得なくなったのである。余計なことだが、筆者は幼児の頃、理髪店でバリカンから頑固な白癬《しらくも》を伝染され、このヨゼフ教会の神父さんに治療してもらって、ようやく快癒したことがある。上の娘二人は、この園の卒園者である。まんざら無縁というわけではない。

奥様が園長を退任されると、自然夫の徳川さんも彦根に居る理由がなくなった。やがて姿をみなくなったのもそのためである。

御子息の豪英さんから教えていただいた当時の徳川さんのお住居は、芹川町の布浦という所。布浦は彦根市の中心部からやや南西、芹川を越えた観音山とか天王山とかいった小さな山丘のある辺りで、町なかとはそう距《へだた》ってはいないが、往来は歩くより自転車がいい。この辺りは関ヶ原勝利の家康が佐和山城攻撃の際、設営した本陣の近くで、徳川本隊がたむろした旧跡でもある。

この頃の登場人物は甲界の人々ではない。しかし、これらの方々は筆者が甲冑武具に係るに至る機縁、あるいは途上において忘却することができない因縁を与えてくれた。本稿の徳川好敏公も、たまたま一会を得て、寸言を賜わっただけの縁であるが、この偶然のような出会いは、筆者の胸の内で年々重いものになっている。そのような、心に育つ懐《おも》いをもたせていただいた徳川好敏閣下はやはり大切な恩人の一人である。もちろん、徳川さんは天寿をおえてもうこの世にはいない。しかし筆者のなかでは、自転車のペダルをこいでいまだ活きておられる。

（本稿取材に係って御子息徳川豪英氏に御世話になりました。厚く御礼申し上げます）

長谷川武（冑宗）氏

長谷川武氏と相識になったのは大永年期明弥信家の星兜発見が契機である。今を去るおよそ三十数年前、昭和五十年代初めの頃である。

その頃私は仕事場を佐和山城址の直下古沢町におき、住居は彦根城の西方、新しく開けたマンモス団地にもっていた。そして来訪者は、その住居の方に来てもらうことにしていた。琵琶湖岸からそう遠くないので、夏は涼しい風が湖面から吹いてきて比較的過ごしやすかったが、その日は大変暑かったように憶えている。たしかこのときが初対面であった（といってもこの頃は昔の記憶が曖昧で、ひょっとして違うときであった可能性も否定できない）。

氏はその頃五十歳後半位か、背はそう高くないが、色浅黒く獲物を掴んだら離さない動物的な精悍さに溢れていた。そして差し当たり格好の獲物が、呈示した信家の兜であった。兜は六十二間信家在銘小星兜で、本小札のシコロに鍬形等装束が完備したものである。それを見た氏の顔面が一気に紅潮した光景を、数十年たった今でもはっきりと思い出す。氏は全く興奮していた。少年のような初々しさに、私は「いい人だな」と思った。

氏の興奮の原因は、まず第一に兜が星兜の信家である、ということと、それが精査前、一瞥でホンモノと鑑た自覚と発見の喜び、そして見れば見るほど、それに確信が持てるという自己肯定における満足——。

銘は

大永六年○月吉日　明珎信家　花押

越後国府中住於上州白井保作之

この兜の銘の解説と考証はここではしない。大永六年というと上杉朝興が武州蕨城を攻撃、甲斐の守護武田信虎が北条氏綱を駿河梨木平に破り、細川高国が将軍義晴を奉じて入京する——戦国時代の真只中である。しかし氏の智的興奮は、そっちの方角にあったわけではない。

——信家正真在銘の星兜はこの世に存在しない。

拙宅での信家星兜と氏との邂逅《かいこう》は、甲冑におけるそれまでの常識を覆す大発見であったからだ。

この兜の件は、本誌上はもちろん、『刀剣美術』誌上にも発表され、斯界に大きな話題を呼んだ。それからの氏はさながら騎虎の勢い、東奔西走、調べに調べまわり、データをとりまくり、そのデータをもとに考えるところの文章を次々と発表した。その主な舞台は本誌であったことはもちろんであるが、その論旨の骨格をなすものは、各地において集積された調査資料データであった。

どういうわけか、氏の調査の興味は常に「兜」に限られていた。中世の甲冑類や揃いの具足にはほとんど一顧をも与えないといっていいほど、無関心であった。ただひたすら兜。それも変り兜は門外で、専ら定型的、オーソドックスな筋兜や星兜類を追及した。いってみれば信家、義通及び戦国から江戸における在銘定型的姿形の兜以外は氏にとって路傍にあるものであった。もちろん、鎌倉時代の兜の調査発表もないではないが、氏のデータの対象となったものは、おおよそ以上のごときもので、その論拠となるデータ類は、年を重ねるごとに氏にとって愛重《あいちょう》措くあたわざる「宝刀」となり、「聖書」となっていった。これを犯すものは当然ながら背教者であり、氏に対する法敵でもあった。

氏の研究成果を認めようとしない人はもちろん少なからずいたと思うが、中でもその頃甲界の第一人者をもって自認していたS氏などはその代表で、関西の方では京のY氏なども冷淡であった。氏はしかし、そのような人々に対し、おのれの「進歩的、科学的研究」から来る調査結果を以て関係誌、たとえば『甲冑武具研究』などに堂々の論陣を張って、反駁《はんばく》者を撃破するというようなことはしなかったように思う。しかし、会うごとに前記の人々の仕事を口舌をもって激しく非難した。その言辞はなかなかに執拗で、兜の前後左右を採寸する時の善き情熱が大反転して、反逆者に向けられたようで、眼光凄絶、口角泡を飛ばす。この時の容貌は往年の「憲兵　長谷川武」で、ちょっと厄介だなと感じたものであった。氏はしかし人を難じても、そしてそれが油っこくていささか鼻についても、どこかに救いがあったように思う。それはいわゆる常陸なまりとでもいうのであろうか、言語の端々に「……がなの…がなの……」という何とも一種ユーモラス、鷹揚《おうよう》（と筆者は感じた）なつなぎの言葉が入ったのと、その言葉の底にもおのずと顕現する「真面目さ」があったからと思う。発表する文章中にも、しばしば俗語が入り交り人柄を偲ばせて面白いようだが、反面調子が低くなってしまったところなど惜しまれる。

氏はいずれ自分の調査研究したところのものを集成して一冊にまとめる、ということを会うたびに宣言し、筆者もそれについては賛同を惜しまなかった。しかし、その調査への偏りが激しくなって来て、一種の数字マニアのようになり、そのデータの規格にはまるものは内に入れ、そうでないものは外と、区分けが厳しくなっていった。揚げ句、論理の方も大きな飛躍をみせはじめた。たとえばその最も典型であったものをいうと、いわゆる兜の「鍬形」を「楯形」などと称してはばからなくなってきた。言論があきらかに全体主義的になってきたわけで、筆者はこの辺りから、氏についていけなくなってきた（現今もすぐ安易な我説を立て、またそれを以て全てを断定し衆を慴伏《しょうふく》させたと自認している素人鑑定家がいるが……）。

信家にしても義通はたまた早乙女の有名函工の誰をとっても、常に規格品ばかり拵えていたわけではないはずである。もちろん、いわゆるその人独自の手癖というものはあったに違いないが、百作同一という術《て》はあり得ない。これを認めないとする石頭的研究は、その人自身を自縄で縛する結果となる。

筆者は、その頃は今よりなお一層直言居士であり、言いたい放題であったから、面と向かった直接的な反論は面白くなかったであろう。これはもうちょっと世界が違う話で、どうにも仕様がなかった。

それから氏は他所で自己の研究を批判され、あるいは排斥されたという。でもゴーイングマイウェイを続けたらしい。いや、そうするしかなかったのかもしれない。

結局、氏はまとまった一冊の研究書も世に問わぬまま生涯を終えた。
跡方もなきこそよけれ湊川
というのは誰の句か忘れてしまったが、氏の激戦のあとはまこと跡形もなきかのごとくになってしまった。
かのごとくに——といいはしたものの、よく考えるとまだまだ本当の意味での歴史の判定は下されていないと思う。そのままになれば、それまでであるし、あるいはそうでないかもしれない。なるかならぬか、大変な研究者であったのか、ただのデータ蒐集家にすぎなかったのか——成敗利鈍はあらかじめわれらごときのよく観るところではない。これもよく知るはただ天のみというところか。

ちなみに「冑宗」というのは、筆者が氏につけた号である。氏は気に入ってゴム印の名の上にこの号を入れ、使っていた。

ある時、Y氏が筆者に氏のハガキを見せ、

「冑宗って、どういうつもりですかネ」

と皮肉ったが、

「それ、私が奉ったものですよ」

というと、それ以上何もいわなかった。

氏は冥界で今でも「冑宗」と思い込んでいるはずである。いや、一面たしかにその通りであり、そう信じてあってほしいと筆者は念じている。

名和弓雄さん

思い出すことは全て昔噺になる。名和弓雄さんと相識になったのは昭和五十七〜八年頃であるから、もう三十年程も前だ。その頃、名和さんはJR中央線阿佐ヶ谷の南側にある商店街を少し入ったところのやや年古びてはいるが頑丈な造りのマンションに住んでいた。

名和さんが古武道や古武具の研究家であったことを改めて事々しくは書かない。並の人にとっては大抵でない能力を要するそれらの仕事は、名和さんにとってはいわば脇のことであった。これは早トチリをされると誤解を生ずる表現だが、名和さんはそれらの事々をおのれの楽しみの中にとり入れ、悠々として日常を生きている間に、世間が勝手に「……家」という肩書を与えてしまったというような案配である。

名和さんが何よりも心の中にもっていたものがある。「作家」だという意識である。これは名和さんの「矜持」であった。「作家名和弓雄」の前には古武具や武道の研究家というレッテルはちっぽけなものであった。大体名和さんは「何々家面《づら》」を誇らしげにする連中を嫌った。また行きがかり上いろいろ指導した人物の中に平然と裏切り行為をする人がいたらしく「この世界には特にそういう手合いが多い」と嘆いていたが、そう思わせたのも「ワキ」の仕事と自認させる要因であったのだろう。甲冑古武具が好きだっただけに辛いことだ。亡くなって大分歳月が過ぎてしまったが、このことは刻が経過すればするほど後人の筆者には痛感される。

またもうひとつ、筆者が感心したのは「私は商売人ですよ」と堂々と断言するところであった。表面研究家や好き者（数奇者とは異なる）を衒《てら》っていながら、こっそり売買を反覆継続する人が少なくない。斯界において、名和さんの態度は勝れていた。いわゆる袴商人《はかまあきんど》を嫌った。

名和さんは武道に詳しい。机上空論ではなく実践家である。筆者も多少その道に馴染んでいた。しかし、そんな話はほとんどした記憶はない。そんなことに触れるのは野暮だと、お互い暗黙の内に了解していたところがあった。

阿佐ヶ谷駅を挿《はさ》んで名和さんとは正反対のところに同業のI氏がいて、筆者は名和さんのところへ所用がある時は帰りにI氏のところに寄り、またその逆もあったが、大体において阿佐ヶ谷では両家を尋ねてものを買うことが多かった。しかし名和さんとI氏とは、同じ古武具に携わる仕事をしていたが直接交流がなかった。I氏はさらに出版のこともやっていたが、名和さんに原稿を頼んだが書いた稿料を出さなかったらしい。気にいらぬことはもろもろあったらしいが、最も許せないのはこの稿料の件だったらしい。しかしI氏の為弁護するわけではないが、稿料の取り決めが正式にあったかどうかわからない。多分I氏は気楽に景品程度のお礼で書いてもらったつもりであろう。名和さんが「作家」と自負しているのは、ここのところである。「モノ書き」は無稿料の原稿を書いてはいけないのだ。筆者も若い頃は少々「文学」に気負っていたから、師の田岡典夫先生(昭和十六年直木賞)がしばしば「モノ書きは無料《ただ》の原稿を書いてはいけません」といわれたことが今も印象にのこっている。

名和さんの書く物はもちろん純文学的なものではなく、いわゆる大衆小説であったが、そういう純然たる小説候のものより考証ものの方、たとえば『間違いだらけの時代劇』(河出書房新社刊、一九八九年)、『図解 隠し武器百科』(新人物往来社刊、一九七七年)などの方に味があった。解説に単なる考証家では書けない情が一種の風味ある塩っ気となって作品の格をあげ、奥行きを広げていた。

なくて七癖というが、名和さんには妙な癖があった。修理癖である。完璧修理癖とでもいおうか。胴裏まで塗り直し、張り替えてしまうから、全くの新品になっている。表側は見栄えの点からも、多少の修復はやむを得ないが、裏側までやってしまうと、そのものの本来の生ぶの姿や歴史まで消えてしまう。もっとも、名和さんは自身着用したから、使用耐久の面からもそのようにする必要があったかもしれないが、これは惜しいことだと思われた。

この例で一番印象にのこっているのは肉色塗りの仁王胴具足である。たしか籠手の一部に雲海光尚だったか加州函工の銘が入っていた。兜は総髪であったが、胴裏はパテに黒漆を塗ったような味のないものになっていた。しかし、平気だった。その点を指摘しても、「——やり過ぎたかナァ」

笑いながら、しかし、眼は「…こうしなければ気がすまないんだ」といっていた。

筆者が昭和五十八年に京都に移住した翌年に「戦陣武具資料館」を設けたとき、先輩諸氏からいろいろお言葉をいただいた。それは記念刊行した目録の中に収めてあるが、名和さんの文章の一節に筆者のことにふれて次のような言葉がある。

「——話が甲冑にふれると、その柔和な瞳が炎のように輝く」

かかる表情の認識は嬉しい。そして、それはそのまま名和さんが大先輩である。いささか気障ったらしいが、それは道を好む者に共通する表情とでもいいたいところだ。「道ヲ好ム者ハ日ニ新シ」という古語があるが、こうして書いてくると名和さんは文学もさることながら実は甲冑を愛すること私《ひそ》かにわが道としていたことが確信されてきた。だから、その目線は常に新鮮で若々しかった。

名和さんは平成十八年の涼秋初一日世を去った。寿九十四。偉いものだ。少年の柔軟な精神を常に忘れず、並々でない人生を堂々と貫通した希有のもののふであった。

その訃報をきいたとき、家人と二人で具足櫃をふたつずつ持ち、小雨の中を阿佐ヶ谷の駅に走った昔が一瞬蘇った。名和家通いのはじめの頃である。名和さんには大分御無沙汰なのに、もうあのようなことは二度とないのだと思った。

芳賀の大和尚さん（芳賀実成氏）

俗に「女の長風呂」とか「井戸端会議」などという言葉がある。湯気の中の長い世間話、噂合戦の立ち話、いずれも敬重を表さない。この一派に当節では「長電話」も入るだろう。現代、電話の御世話にならない人はいない。携帯電話、スマートフォンなどは情報社会の王者、時代の寵児である。前の諺の仲間に入れるには異論もあるに違いない。

たしかに私も「長電話」では、懐かしくいい思い出の人が多いので悪い印象は、それほど持てない。その長電話でまず先に思い出されるのが今は亡き、芳賀実成氏である。本職はお坊さんだった。だから「ハガさん」という時以外は「ハガの和尚さん」、または単に「和尚さん」と呼ぶことが多かった。

こちらから何か用事があるとして電話をかける。すると電話口に出た芳賀さんは「私の方からかけますから……」といって必ずいったん電話を切る。もちろん直ぐに電話があって、サア、それからが延々。早くて三十分、長いと一時間以上に及ぶ。当然ながら中味は全て甲冑に係る話。こちらからもちかけた話でなく、和尚さんからの話になるとその間に何度も「まだいいですか」と気を遣う。

思い返せばいろいろ勉強させてもらった有難い長電話であった。甲冑に興味のある人なら誰にでもストーリーの仲間になってもらえる知られた兜についての対話をひとつ紹介しよう。私の応対は省略し、中味は千分の一位に圧縮してみる。

当然阿吽の呼吸というか、目にみえぬ独特の雰囲気は伝えることは叶わない。それでも面白いと思ってもらったら有難い。目利きならぬハナシのわかるハナシ利き（?）の人である。ナァーンダ、と思う人はそれだけのことでしょうがない。

馬藺の兜がネ、とうとう行っちゃいましたよ。出ましたよ。私やね、もう昔っから、若い時から知ってたんですヨ。所蔵者を。まさか売るとは思ってなかったけど、しょせん個人の持物だから、そんなこと信じたってしょうがない。万物は流転しますよ。へっへっへっ…、ねぇ、しかしねぇ。ありヤァ、秀吉の時代はありませんよ。秀吉なんて関係ないよ。あれは関ヶ原以後のものです。立物などは、とてもとても。慶長以後、以後。浮張もね。第一ね、あの姿は……。いつから秀吉になったのかナア。秀吉から拝領したってことになってるけど、本当のとヵア、わかりませんよ。ヘッヘッヘッ、ねぇ。しかし、もうあそこへ入ってしまったら二度と出ない。まあネ、行くとこへ行きゃァいいようなもんだけど、これでずーっと秀吉になっちゃうんだ、あれは……。

和尚さんはその兜が絶対秀吉所用どころではない、第一その時代さえもないと力説断言した。私はもちろんその兜を手にとってみたことがないから何ともコメントできないが、展覧会では幾度もみたことがあったから何となく気分的には同意するところがあった。芳賀和尚さんの力説の背景には数多くの甲冑に当たっている者としての自信が誇示されていた。芳賀さんはその兜を過去に実際手にとって精鑑しているのである。そしておのれの脳裏に堆積している兜類の多大な過去の記憶と照合して判断した結果を言っている。そこにはチマチマとした理屈の入り込む余地はない。集積を直感して裁断する感触、フィーリングがある。これは好きなら誰でもできることではない。天賦の才能が要る。

しかしこの話の時、私には和尚さんに多少の他意が混じっていることが判断せられた。実の処はそのコキおろしている兜が欲しかったのである。多分それは間違いのない私の印象であった。その内、必ず我が物にしてくれようという大いなる希望の焔《ほのお》にもえた野心があったのだ。それが今やどうにも相手にならない、「博物館」という不可触領域に入ってしまった。その無念さが、どこか未練にきこえた。ずっと思い入れていた、そして相手にもその思いがわかってい たはずの女にソデにされたようなものである。しかし、芳賀さんのその多少愚痴っぽい口舌の具合が、悪くはなかった。その気分もよくわかるのである。「ヘッヘッヘッ」という笑いを文字にすると下卑た感じしか出ないが、和尚さんの「ヘッヘッヘッ」はあまり厭味を感じなかったのはなぜなのか。今もわからない。

芳賀さんは人も知る甲冑コレクターであった。「甲冑研究家」としてより、むしろ「甲冑数奇者」というべき人で、蒐集歴も古くコレクションも筋が通っていた。当然ながら、その秀吉の兜というものも、早晩わが手に入るべき筋のものであると存念していたふしがある。我ならでといった気概もあったであろう。やはり「秀吉の兜」としての伝来には魅せられるものがあったのではないか。霞がかった曖昧模糊とした由緒でも太閤さんのモノとしての歴史の中に経年してくると、重くなってくる。現今、秀吉の兜は「秀吉の兜」そのものであることにかわりはない。

この伝来を兜の形容構成からみて少しシンドイと視るのは、それなりにひとつの見識である。それを多方面から検討して、どこかに記録しておいてもらったら、その「検討」そのものが甲冑研究の資料となる。そしてその資料検討が将来の甲冑史学上批判にたえうるものであれば、立派な功績となる。しかし、芳賀の和尚さんは数寄者コレクターの範囲で終わった。僧職としても多忙だし、まとまったことを書くこと自体面倒臭かったのかもしれない。芳賀さんが僧職にあったということをうけて、甲冑世間では、坊さんのくせに欲にまかせて物集めするのは聖職者の風上にもおけぬ、怪しからぬ人物だといって譏《そし》る人もいるようであるが、それは名品を一人集めのようにコレクトしてゆく芳賀さんに対する嫉妬が批判者の心の内の本音であろう。坊さんだから聖職者である。聖職者なるもの金に任せてモノを買うのは人間として許せない——といった単純画一的な職業区別による短絡的思考は困りものである。いかにも了見が狭い。たとえば、玩物喪志の典型のようなコレクターには一切無縁で、行いすまして読むのは経ばかり。挙句、あっちこっちに寄付してまわるような人がいたら、周囲は立派な人間だと尊敬もするかもしれないが、私はそんな坊さんがいたとしたら、どこか不気味であまり気持ちがよろしくない。ちょっと語弊のあるいい方かもしれぬが、その気分がわかる人にはわかろう。そもそも坊さんは他の人より立派でなければならないという考え方自体おかしい。ハメ外し、女に狂い、物に迷い、ハチャメチャやって苦しんで、少しずつ脱けていく者の中に、当然ながら坊さんやその他の聖職者といわれる人々もあろう。職業に貴賤聖俗の別はない。念のためいっておくが、ハガの和尚さんがそんな人物だといっているわけではない。

ハハナシが妙な加減で思わぬ方向にむいてしまったが、たとえばカブトひとつ手に入れるのにいろんな手間ヒマかけて、身体も頭脳も東奔西走させ、やっと落手という労苦の手続きの果てに、お金を動かすのも一種の作務で行法であったであろうと考えるのは人が好きすぎるだろうか。よりよき方に理解するのも人間的余裕であると思う。芳賀さんは、そのようにして名品を蒐集したと私は考えるのである。どこかにある種の哲学があったはずだ。いく度となく、長い電話をいただいたが、しかし、考えればこんな話はしたことはなかった。

芳賀さんが、信長から謙信へ贈ったとされる金小札の色々威胴丸を入手した経緯は、知る人ぞ知る名高い話である。手放した人はあとで地団駄ふんだそうだが、畑違いとはいえ素人ではないのだから、モノがただ物でないことを一見して悟るべきであった。この胴丸は史実合一の蓋然性《がいぜんせい》が高い。その着眼とモノを真実の物件とさせる公的認識度の付加は、その人に知識だけではない説得力を必要とする、一種の政治的能力がいるのだ。プロの商売人ではなく、大寺の僧職にあったということも信用度が一般とは異なるだろう。いくら国宝や重文の資格ある古美術品でも社会性の乏しい無口の人が、孤独の友としていたら、静かに埋もれたままにある。翻っていえば、世間にはそのような沈黙隠遁を守っている名品がまだいくらもあるということだ。

それから考えると、この胴丸を出世せしめた功は、結果として和尚さんの寺の蔵品になったものだとしても、芳賀さんに帰す。

大分以前のことになるが、「スーパーテレビ」という番組で信長の鎧をさがし出し値付けする番組があった（日本テレビ平成九年九月放送）。加藤茶氏が鑑定人とされた人物と共に東京を出発し、米沢などをまわって、結局京都の私のところを訪ねてくる。私方では上杉家伝来の刀剣を話の枕に前件の胴丸の所在を教える。加藤氏たちは再び東京へ戻る。そこで芳賀実成氏が登場する。探索中の写真をみながら、

「ああ、これは私のところでお預かりしています」

と、いうのが番組のあらすじである。つまり時と所は異なるが、和尚さんと私は甲冑をめぐるテレビ番組で共演したこともあったのである。

この時のテレビでは舞台裏のはなしが、いろいろあるのだが、刀剣についても鑑定人より加藤茶氏の直感の方が遥かにすぐれていたことが印象に残っている。その番組は「加藤茶」が狂言まわしをして、某先生が鑑定するという筋書きであったが、実情と番組は全く逆でお話にならない。世間にはまま、このようなことがあるもので、識者は欺かれずといえど、そのままこれを信ずる大衆がいるからおそろしい。

芳賀実成氏の蒐集品中の逸物は少なくない。色々威阿古陀形筋兜、頭形大水牛の兜、ニの谷

形変り兜、紫糸威角頭巾形兜……。兜だけでもちょっと思い出しただけでざっと以上である。

一昔前の歴史読本であったか、芳賀さんは兜名作選というシリーズで名兜紹介連載を廻り持ちのような形で一時担当して執筆していた。右記の品々はそのシリーズにも登場していたはずである。和尚さんはモノを売らないということで定評があったが、もちろんそういうことは絶対ではなかった。過去に何点か旧蔵品というものが私の前を通りすぎたが、印象的だった好資料に春田光定在銘生ぶ朱漆塗十六間阿古陀筋兜や変り形頭巾兜など色々あった。

「中村（筆者旧姓）さんはいいモノは、まず譲ってくれない」

上洛の折、度々訪問をうけたが、触手を動かしたモノが思うようにいかないとそんな皮肉を笑いながら言った。良いものなどもっているはずがないが、鎌倉鉢の何点かは標的になったことがあった。それらの中にはいったん旅に出たがまた故郷懐かしで戻ってきているものもある。『集古十種』所載の大森彦七所用と称する兜（近年の調査で金森徳元の作銘が発見された）と、一具として掲載されている腹巻他は、胴以下が和尚さんの蔵となって、兜はこちらに一時宿している。東西泣き別れで不思議な因縁を感じる。

やがては私も和尚さんのいる世界へゆくことになるだろう。その時は改めて秀吉の兜のことや鎌倉鉢のくさぐさを語りあいたい。大森彦七甲冑の件も決着をつけなければならないだろうけれど、私はまだ当分此岸にいるつもりである。芳賀実成大和尚の彼岸御息災を祈ってやまない。

第四章 山上八郎書簡

日本甲冑界の大先達 山上八郎、若き日の手紙

「山上八郎」の名前など、甲冑愛好家、それも一通り以上でないと、今や知る人もいない。幼時より甲冑が好きで、蒐集と研究に没頭し、三十歳に満たぬ若さと気鋭をもって『日本甲冑の新研究』という大著を完成し世に問うた。これが帝国学士院より「学士院賞」を受けるに至り彼の名は一躍世に識《し》られた。

さて、ここに紹介する手翰は、その栄誉を担う数年前に彼が甲冑研究に生涯を賭す決心をし、清新の気を内に外にはあくまで貪欲に、採史と採甲に心身を傾注しはじめた頃の行蔵を窺い知らせてくれる唯一の資料である。宛所の山田栄太郎というのは、後年の山田紫光で、当時歴史画家を志し、甲冑研究のため山上八郎の門を敲《たた》いた。いわば山上八郎にとって最初の門人である。この愛すべき栄太郎門人を山上は自在に利用して、なかなか歳に似合わぬ老獪《ろうかい》ぶりを発揮している。特にその頃、甲冑研究界の大物であった関保之助からの新知見導入策に栄太郎を新

兵器として使う狡《ずる》さ、また栄太郎自身もそれを承知で馳せ廻って手柄立てをしようとする。どこの世界にもある煩悩の縮図であるが、その内容たるやあまりにも直截的《ちょくせつてき》で、百年近くの歳月が経過してしまうと、行為そのものの色や臭いが消えてしまって、愛しい程の滑稽《こっけい》を感じる。そこに浮かび上がってくるのは、青年山上八郎の甲冑研究における真の姿である。「奇人・山上八郎」も既に萌している。しばしば言われる奇人という山上八郎に冠せられた性格表現についての単純な言葉も筆者には素直に受け取れない部分があるが、ここではそれについて解説する遑《いとま》はない。

考えてみれば「山上八郎」は既にこの頃から、社会人としては十分に異端であった。そこから目を転ずれば、唯一甲冑研究の世界だけは無垢であり純粋であった。観察推理は明晰であり、革命的でありながらあくまで正統であった。彼を嫌う人々が指摘するところの非常識さや倫理性の欠如が、彼の外面を完膚として厚く包んでいたから、この相反する要素の併存を理解しようとしない周りの人々は往生して、その本念の甲冑研究をも軽侮した。

要するに山上八郎の発する類まれなオーラに周囲は振り回され、辟易《へきえき》したのである。この少壮の「山上八郎の手紙」を読む人は、栴檀《せんだん》は双葉より芳しの古語を思い浮かべ、大きく頷《うなず》くであろう。

このような斯界にとって貴重な手紙が筆者の手に嘱《しょく》されたのも、偶然とは思えない。私信とはいえ既に百年近くの歳月を閲《けみ》した現在となれば貴重な古文書というべく、甲冑界の重要資料として公表すべきものだと考えられた。甲冑関係の仕事に従事する筆者の眼前に現前したということ自体、故人の霊がそれを望んでいたと思えるのである。勝手な解釈であるが、そうなると、これは運命の必然ということになろうか。現在山上八郎の咳唾《がいだ》に接した者の幾人が世に在るか、おそらくその数は数指をかぞえるに過ぎないのではないか。その内の一人だと思うと感慨一入《ひとしお》である。彼が小倉の甲冑商村上氏のもとにあって急逝した旨の連絡を、村上氏自身からの電話で聞いた時、筆者は、ああ、これは戦死だな――と感じた。彼は死の直前まで持ち前の凄いエネルギーを振り回し、辺りかまわず放射して、そして果てた。それから何十年の後の今がある。

この手紙類が認《したた》められた期間は大正十一年八月から同十二年十月に及ぶ。十年秋には平民宰相といわれた原敬が暗殺され、十二年九月には関東大震災がおこった。世相は決して安穏ではなかったが、時代には関係のない日本史研究と甲冑探求の日々である。山田栄太郎（紫光）青年にとってもかけがえのない記念すべき日々であった。山田紫光という人は、晩年は禿頭《はげあたま》に顎鬚《あごひげ》を蓄えた、気難しい狷介《けんかい》な老爺《ろうや》に見えたが、それは外向きのことで、本当は細心でよく気配りのきくお茶目なところのある人であった（山上八郎および山田紫光両氏については本著中に採録した遊甲春秋記も参照されたい）。

大正十一年八月七日

山田榮太郎君

貴信拝見。時代屋征伐の苦心を謝す。例の兜小生七円でも遺存はないが、只今君の手紙と同時に五姓田芳柳翁[1]よりも端書来り。足利時代のボロ腹巻二領（色々威）譲ってあげるから取りに来るようにとのこと。この方に少々金がいるから時代屋の兜は一月ばかり後らして呉れ給え。オヤジそれだけ金利を損するから丁度よい、ハハハ

大分絵がかけそうで暑いのにエライエライ。

松崎天神社[2]は山口県佐渡郡防府町　但しエハガキはない。

鎧の写真は三四年（?）前の歴史写真（雑誌也）に出ているから、この雑誌は大分武器の写真もあるから見ておくとよい。

御物の逆オモダカ[3]は我国最古（大三島、根古屋と）の三大鎧で（但しこれは高四寸のモケイである）威毛は伴大納言式[4]

[図1]もし大三島へ行ったら澤瀉威をよく見給え

この威方は先年小生見落としたから

[図2]ナナメ式、　タテドリ

この二種の内どっちだかを

それから古鉢の深さを正確に

[図3]コンパスを買ってゆき給え

それから小札の革鉄の交ぜ方を丁寧に。

小札は一寸に何枚としてはかるがよい。（何枚と3／

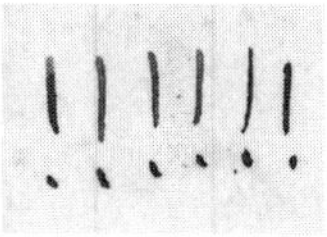

図1

図2

4など）
又大袖の裏のカンの打ち方をしらべ給え
尚[図4]ガルガル動くものもあり
又、弦走の小縁のとめ方を
又、各兜の前後左右径深さ、及、マビサシの巾を（内部で）
又、障子板（大鎧及胴丸一領）のつけ方を
それから[図5]響穴の高を（腰巻から）
それから又金具の残欠が一箱にとじわけてあるから
見て写生し寸法をとる必要あり。

図3 コンパスの絵

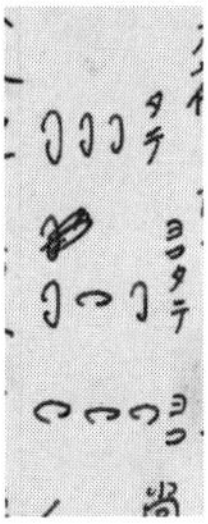
図4

又、古太刀の拵を。
又、古い唐櫃が十一あるから寸法及、塗り、金具をしらべること。
内[図6]のりと外のり、及、板の厚さをよくはかれ
赤線のある所は是非必要
尚帰りには福山で下車し給え。
城見物をし（駅からすぐ上）太鼓台[5]には古物陳列場がある
甲冑廿領、其他色々あるから見ておくとよい。
又、明石から三里、伊川谷村の太山寺[6]に行かなくては

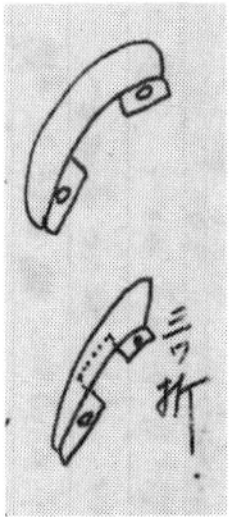
図5

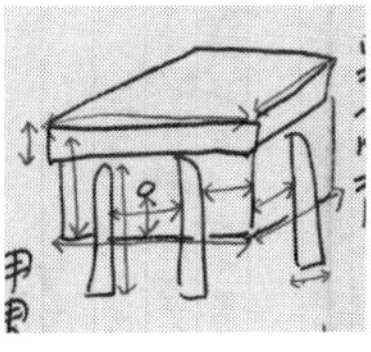
図6

ならぬ。古甲冑が一杯ある所だから是非行きたまえ。
尚ここには差物をさす管の古物（竹）があるそうだから図及び寸法をとり、又、大鍬形及び、その他をよくしらべ給え。

大三島の甲冑にはいろはという番号があるから写生したり、寸法をはかった時すぐに番号をつけておかないと紛れる恐れあり。

図7 終りに臨んでえはがきのありかを教えよう。
（往復はがきで聞合せるが一番）

湊川神社[7]　廿銭
歓心寺[8]（南河内郡天野村）　廿銭　若は　十五銭
金剛寺[9]（〃　川上村）　廿銭？
久能山東照宮[10]（安倍郡）　十五銭　（具足也）
水戸八幡宮[11]
菅田天神社[12]
尾山神社[13]（金沢市）　十五銭位　（具足也）
藤森神社[14]
妙法院[15]（京都）
平等院[16]（〃）
石上神宮[17]
吉野神宮[18]、吉水神社[19]
四天王寺[20]
須磨寺[21]、太山寺[22]
出雲大社[23]　屋島寺[24]　八代宮[25]
菊池神社[26]　阿蘇神社[27]　鹿児島神宮[28]

所在は案内記、又は、百科事典

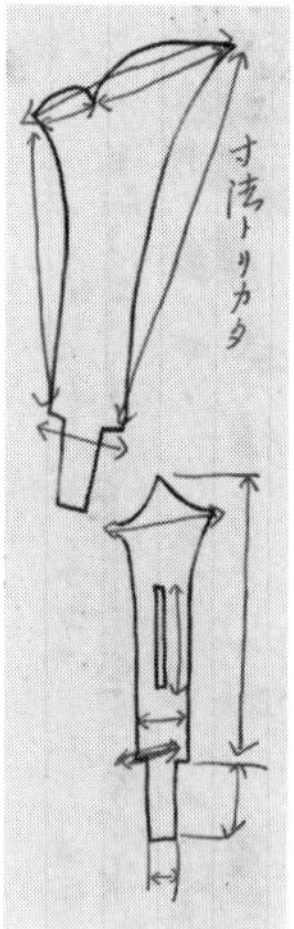

図7

十日に一ぺんか二へん位通信し給え。たいくつだから。
尚大三島へ行ったら夜ランプの下から面白い話の来るのをまつ
わからない事はどんどん質問すべし
終りに云う。我輩は他人から来た芳信を保存するくせがある。君も宜しくこの紙のような一枚のものに書いてくれ給え。
バラバラだとなくなるといけないから。
また引手物の儀は少々まってくれ給え。まだからだがだるく日中は出られず、夜こりこり（但しドロボウではないか）やる位だから。
いづれ雨でも降ったら買いに行くつもり。

大三島遠征はしっかりやれ。費用は京都尾道往復と船賃（安い）位　オレは二等だぞ
ヤドは社に近い右側の新しいのがよい（一宿一円廿銭）
この家は道具屋を兼ねている(29)そうだから何かあるかも知れん。
尚、ゆけたら二、三日のばして伊予の松山に行け。天守閣にすてきに甲冑があるそうだ。それから松山から一里（汽車からはすぐそば）温泉郡余土村の日招八幡神社(30)には佐々木盛綱（源平）の兜あり。神主から来てくれといわれているが、此度君に発見特許権を与えるから一つ堀出して見給え。又、松山・尾道・岡山（？）の道具屋(31)に何かよいものがないだろ――かな。
大正十一年八月七日　汗にぬれつつ、武器台帖の書入をすませて後君へ手紙をかく
鎧廼舎主人　山上八郎

山上八郎書簡 註

（1）ごせだ ほうりゅう。文政十（一八二七）年二月一日～明治二十五（一八九二）年二月一日。歌川国芳に浮世絵を学び、また狩野派の画法も学んでいる。絹地に陰影法を用いた独特の洋画の作風を編み出し、宮内省からの依頼で明治天皇の御影も描いている。

（2）まつざきてんじんしゃ。山口県防府市松崎町一四―一。明治の神仏分離以前は酒垂山満福寺と号していて、表参道の東西に九社坊があったが神仏分離で取り壊された。「社号」は「天満宮」「松崎天満宮」と称していたが、明治六年に松崎神社、昭和二十八年に防府天満宮と改称。

（3）逆沢瀉威の略。沢瀉威を逆にしたもの。鎧の威の一つで、多年草のオモダカの葉を逆さにしたような模様。御物の逆オモダカは沢瀉威鎧雛形（法隆寺伝来）宮内庁蔵。

（4）「伴大納言絵巻」に描かれている鎧の形式。伴善男（とものよしお）。弘仁二（八一一）年～貞観十（八六八）年。平安時代の貴族で官位は正三位・大納言。応天門の変で伊豆に流罪となった。

（5）瀬戸内海沿岸を中心に西日本一帯で多く見られる太鼓台のことではない？

（6）たいさんじ。兵庫県神戸市西区伊川谷町前開二二四。元正天皇の勅願時として藤原宇合が霊亀二（七一六）年に堂塔伽藍を建立したとされる。色々威腹巻など武具類が重要文化財に指定されている。

（7）みなとがわじんじゃ。兵庫県神戸市中央区多聞通三丁目一―一。明治天皇の命により楠木正成を祭るために明治五年に創建された。段威腹巻が重要文化財に指定されている。

（8）かんしんじ。大阪府河内長野市寺元四七五。楠木氏の菩提寺として、楠木正成および南朝ゆかりの寺とされる。藍韋威肩赤腹巻（伝楠木正成所用）が重要文化財に指定されている。

（9）こんごうじ。大阪府河内長野市天野九九六。聖武天皇の勅命により行基が開いたとされる。南北朝双方の行在所となっていたことから、「楠木氏文書」、腹巻など所蔵している。

（10）くのうざんとうしょうぐう。静岡県静岡市駿河区根古屋三九〇。元和二（一六一六）年に死去した徳川家康の遺命により久能山に葬られ、二代将軍徳川秀忠により東照宮の社殿が造営された。

（11）みとはちまんぐう。茨城県水戸市八幡町八―五四。水戸城主の佐竹義宣が文禄元（一五九二）年に城下に建立。常陸国水府総鎮守として崇敬されてきた。慶長三（一五九八）年に建立された本殿は重要文化財に指定されている。

（12）かんだてんじんしゃ。山梨県甲州市塩山上於曽一〇五四。『甲斐国社記寺記』によれば承和九（八四二）年に甲斐国司の藤原伊太勢雄が勅命によって創建したとされる。寛弘元（一〇〇四）年に相神に菅原道真を祭っていて、菅田天の由来となった。古くから甲斐源氏の鎮守とされ、甲斐武田氏などの保護を受けていた。

（13）おやまじんじゃ。石川県金沢市尾山町一一―一。主祭神は加賀藩の藩祖前田利家。例祭は利家の命日の四月二十七日。明治三十五（一九〇二）年に、米沢の上杉神社とともに別格官幣社に昇格した。

(14) ふじのもりじんじゃ。京都府京都市伏見区深草鳥居崎町六〇九。社伝によれば神功皇后が深草の里の藤森で祭祀を行ったのが発祥としている。境内社八幡宮本殿や大将軍社社殿は室町時代の建築で重要文化財にしてされている。菖蒲の節句の発祥地として有名。

(15) みょうほういん。京都市東山区妙法院前側町四四七。本尊は普賢菩薩。青蓮院、三千院とともに天台三門跡の寺院。庫裏は桃山時代の建築で国宝に指定されている。三十三間堂の名で親しまれる蓮華王院を管理下に置く。

(16) びょうどういん。京都府宇治市宇治蓮華一一。平安時代後期の建築で世界遺産「古都京都の文化財」として登録されている。阿弥陀如来を本尊とし、鳳凰堂は十円硬貨の表の絵柄に使用されている。

(17) いそのかみじんぐう。奈良県天理市布留町三八四。式内社で『日本書紀』によれば日本最古の神宮となる。鎌倉時代に建てられた拝殿は国宝に、色々威腹巻や古墳時代の鉄楯などが重要文化財に指定されている。

(18) よしのじんぐう。奈良県吉野郡吉野町吉野山三二二六。後醍醐天皇を祭神とする建武中興十五社の一社。本殿・拝殿・神門は京都の方角を向き、北向きに建てられている。

(19) よしみずじんじゃ。奈良県吉野郡吉野町吉野山五七九。主祭神は後醍醐天皇。世界遺産「紀伊山地の霊場と参詣道」の一つ。もとは金峯山寺の僧坊・吉水院で、南北朝時代に後醍醐天皇が一時居所とした。書院や色々威腹巻は重要文化財に指定されている。

(20) してんのうじ。大阪府大阪市天王寺区四天王寺一丁目一一一八。聖徳太子建立七大寺の一つ。救世観音菩薩を本尊とし、金光明四天王大護国寺ともいう。一九四六年に仏教の宗派にこだわない和宗総本山として独立。

(21) すまでら。神戸市須磨区須磨寺町。公称は福祥寺。重要文化財に指定されている木造十一面観音立像など南北朝時代の文化財が多数あり、平敦盛を偲んで訪れる人が多い。

(22) たいざんじ。神戸市西区伊川谷町前開二二四。奈良時代に建立された天台宗の寺院。南北朝期には南朝方に属し、腹巻等の武具が重要文化財に一括指定されている。

(23) いづもたいしゃ。出雲市大社町杵築東一九五。大国主大神を祭神とする式内社。出雲国一宮で古代より杵築大社と呼ばれていたが、明治四年に出雲大社と改称。赤糸威肩白鎧兜 大袖付など、美術工芸品が重要文化財に指定されている。

(24) やしまじ。香川県高松市屋島東町一八〇八。四国八十八箇所霊場の第八十四番札所。明徳二（一三九一）年の奈良・西大寺末寺帳に記載されている。江戸時代は高松藩の保護を受けていた。

(25) やつしろぐう。熊本県八代市松江城町七一三四。建武中興十五社のうちの一社。後醍醐天皇の皇子、懐良親王を主祭神とする。

(26) きくちじんじゃ。熊本県菊池市隈府一二五七。南北朝期に南朝方で戦った菊池氏の三代を祀る。菊池千本槍など菊池氏五百年の歴史の遺物が保管されている。

(27) あそじんじゃ。熊本県阿蘇市一の宮町宮地三〇八三―一。約四五〇社ある阿蘇神社の総本社。『延喜式』に一宮が「肥後國阿蘇郡 健磐龍命神社」と記載され名神大社に列している。加藤清正、細川氏によって社領の寄進や社殿の造修が行われた。

(28) かごしまじんぐう。鹿児島県霧島市隼人町内二四九六―一。『延喜式』に鹿児嶋神社とあり、大社に列している。戦国時代から江戸時代には島津氏の尊崇を受け、島津貴久が奉納した色々威胴丸などが重要文化財に指定されている。

(29) 道具屋を兼ねている。その道によって好きな人が集る。鎧や武具好きが集るから、旅館の主も古美術屋になってしまうちう意。九州から出たものでも、ここにあるとゆかしいものに化けてしまうから商売になる。

(30) 日招八幡大神社（ひまねきはちまんだいじんじゃ）。愛媛県松山市保免西一丁目四番三号。元暦元（一一八四）年佐々木三郎盛綱が戦の際に日が沈まないよう祈願すると、日が留まり勝利したことで、それまでの社号を日招八幡宮と改称し武具を奉納した。後に小早川・加藤・蒲生・松平等歴代の国司藩主の祈願所となった。

(31) そういう所へ行っては道具屋を巡ることを楽しみにしていた。これは古物趣味のある者の共通して味わう醍醐味である。

大正十一年八月十三日

表書 山田榮太郎君

拝啓　君の絵を受取った。中々よう出来とるわいとオヤジ先生も云っていた。しかし、君が通信文を中へ入れておいたので罰金廿四銭取られてしまった。次の重盛の時にはこういう失敗をやらぬように。大三島へ奉納するのは為朝ではいけまい。矢張、河野通信としなければなるまい[32]。

河内へ行くそうだが、そうすれば

（一）誉田八幡[33]

　神主の中は面白い男。頼朝の鞍、及、薙巻の長刀をよくしらべ。

又、古墳出の短甲・矢を貰い給え。

（二）山田の科長神社[34]（君の先祖の出所かな）

　神功皇后奉納という古兜あり

（三）河内、龍泉寺村　龍泉寺[35]

古胴丸あり　是非行け
（四）歓心寺
平凡
（五）赤坂の建水分神社[36]
武器あり
（六）金剛寺（大将）
古腹巻沢山。これは小札の形状、及、革鉄の交ぜ方をよく研究して教えてくれ給え。又、後世式に似た日根野鉢があるから例の表により、よく寸法を取ること。

又、佩楯・篠小手も足利末過度《ママ》期のものだからよくしらべておくこと。決して看却してはならぬ。

又、宝物館の外、楼門内、左側第一の倉の長持の中に古甲冑が一杯あるから寺僧に頼んで見せて貰うとよい。又、古革の破片、ネズミの食った小札、金具のハヘンが貰えたら貰い給え。風呂敷をもって行って貰ったらすぐ包んでカバンの中へ入れてしまわないと[37]大坊主から文句を云われるゾ。この辺の呼吸しっかりやれ。

又、時代屋で買った兜の略図を頼む。あきたら買値の一円で我輩がいつでも貰う。

地図に神社の赤印をつけたように、京都の武器道具屋地図を作り給え。

君の云う毛抜形太刀はもっと安いのがある。神戸の新開地（湊川神社の西）の道具屋（五、六軒ある）にあるのは云い値が五円。但し柄と鞘とが反対にはまっているから直せばよい。

尚、小生、五姓田氏より古腹巻二領譲り受けたれば、古甲冑表に記入すべし。

尚、面白い武器大分手に入れた。

もうじき、一千点になる。
足利初期の鐙も手に入れた。(38)

君も涼しくなったら道具屋を漁り、月に十円位(又は一円)買っておき、三ヶ月位ひねくりまわして我輩に譲ってくれ給え。これが最も経済的方法だから。但し高いものを買わず、ゆっくり安物をさがす事。
尚、京都で赤印をかくべき所は
若林、時代屋、川村、山本(江馬家の北)
楠(御幸町)、布田(夜矢箱を買いし所)
三條小かじ、知恩院北門内、
川島(古門前)祇園通、
祇園より博物館へ行く途中
(西陣嵐山)
又、西の方に何かあるかもしらん。
よくしらべ給え。

奈良行きは成功か
早速返信よこせ

大三島の夜、ランプの下よりの通信を待つ。
尚、大三島へ行ったら我輩の見ない物は特に注意を乞う。

ワ印　萌黄腰取　大鎧

乙印　色々威胴丸(兜ち印)
ホ印　肩白腰白胴丸
ミ印　熏韋威胴丸
コ印　〃
リ印　紺糸威胴丸
ス印　紫韋威胴丸
フ印　色々威腹巻

セ印　熏韋威〃
ヒ印　モエギ鉄腹巻
ち印　阿古多形兜
直垂（通信奉納）
大三島の特色
甲冑の製ぞんざい。綾革威多し。
赤糸威胴丸鎧。
紫韋威(39)小札高三寸七分（天下一）
馬具一つもなし
大正十一、八、十三　山上八郎

註

(32) 山田紫光氏が大山祇神社へ絵を寄贈するのに、「為朝」が画題では安易でピントはずれなので、「河野通信」にした方がいいとアドバイスをしている。

(33) こんだはちまん。大阪府羽曳野市誉田三―二―八。歴代将軍や武家の信仰を受けた。古墳時代の鞍金具（国宝）や、則国太刀（重要文化財）などが遺る。

(34) しながじんじゃ。大阪府南河内郡太子町山田三七七八番。社宝に、神功皇后所用と伝える雛形の兜がある。

(35) りゅうせんじ。富田林市大字龍泉。南北朝期には山頂に楠正成が龍泉寺城（嶽山城）を築いた。

(36) たけみくまりじんじゃ。大阪府南河内郡 千早赤阪村水分三五七。古来より金剛山鎮守として、また楠木氏の氏神として崇敬された。

(37) 気が変わらないうちに貰えるものは貰ってしまえという意味。昔は、気も良ければ、こうして貰うこともできたのだろう。

(38) 山上八郎氏は山上家に養子に入り財産もあったので好きにコレクションを始めた。道を極めるという意味では典型的な極道者であって、これからはこのような徹底的人間は出ないだろう。これはのち山田紫光氏自慢の大鎧となる。南北朝期とみられたるものであつが、山上八郎は自身の手に入ったものも、時代は下げてみる厳しさがあった。

(39) 紫韋威。大三島名甲のひとつ。簡勁かつ雄大な平札を鉄革交ぜに揺ぎに威した平安時代、現存最古の胴丸である。

大正十一年八月十三日

二、三日忙しくて今朝手紙を出すと今また君の所から来た。何よりも楽しみで有難う。今朝のは京都へ出したのだからこの方が先に君の手に入ろう。
十五日大三島へ行くというから急いだわけサ。

小札の革鉄は袖のみならず、シコロ・センダン・胴・草摺全体にわたって調査すべしだぜ。

工藤先生にやられたな。彼はそのはず半狂人で癪に障ると出刃包丁をもっておっかけて来るそうだ[40]。今度奈良へ行く前、手紙で森口さんに買っておいて貰うがよかろう。

森口氏の御嶽標準危機説は一文のねうちもない。

何となれば、南北朝以前、年代の確かなのはあの御嶽の紫下濃（弘安元年蒙古退治きがんの為鎌倉将軍惟康親王奉納）で関先生[41]といえども我輩と同意見だから。

又、時代下げのクセも一向かまわん。何となれば我輩は全国古甲冑の八割を見て、これを表示し、細かにしらべた結果だから。又、時代を下げる程進歩しているのだ。小堀氏は目茶目茶に古くもっていくくせあり。関氏、亦やや古し。我輩に至っては最も下らせるやり方だ。但し学者連の中にはもっとひどいのがある（例えば、大鎧の起原を保元少し前とする先生あり）この名は特に秘す。そうしないと君のげんこで彼の頭が厳星の兜となるから。余談はさておき
（春日のことはこの次）

質問の答
一、無論後者。時代が下るから。
二、五香宮[42]は未だ誰も知らぬ。我輩が本で見た位。時代は御嶽の重忠位。
君、今度帰りに行くとよい。
岡山から南三里位（地図を見よ）
邑久郡牛窓町（海岸）
馬車位あるだろう（ことによると自動車ブーブー）

発見すれば大手柄なり。
三、猫の意はわからん。
金具廻は、小札、わたがみ以外の所、鉄で
染韋にて包み、又は、黒塗にす。
ムナ板、鳩尾板、袖、センダンの冠、壺袖、障子板、胴丸
なら杏葉も。
立挙　[図1]上二段をいう
　　下四段は長側
大三島へ行ったら、よくおじぎをやれ。
宮司　三島敦男（えばり屋）

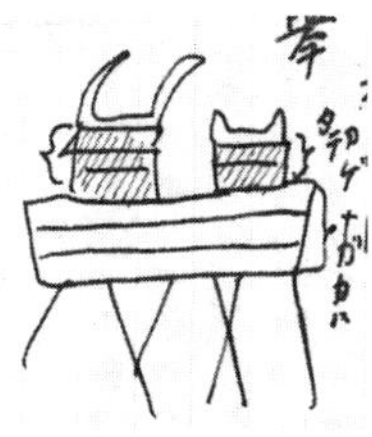

図1

ネギ　越智通久（よき老人）
主典　赤尾政男（もと軍人・ほめれば喜ぶ）
〃　○○○○（××なり）京美人の話をすればまる
められる
この二人は社務所の裏（社の右）の石段の上の
景色のよい所に住んでいる。夜、遊びに行くと
よい。とめてくれるかも知れない（これから一
度聞いたことは忘れないようにしろ。すぐノートに
控えておいて）
理想の鎧は今少しまってくれ。
兵庫鎖は鎌倉と思う（ここは関先生へ）

しつもんの
四、鎌倉初めより
五、大三島は沢山あってどれとがかわらかぬ（胴の事）
紺糸なら御嶽の方古し
（以後はっきりした質問をやるべし）

行けたら松山に行けよ。春日の報告を謝す。
前後左右径は二通りはかれ（下部と腰巻の合目と）
深さも二通り[図2]
八幡座のあるのとないのがあるから
間数は見られたら裏でみよ。
六はぞんざいでわからぬ
松崎の写真はどんなのか[図3]
浅黄威、同妻取、外に紫韋威
小札のかぞえ方（君の考は非常識極る）
はしたは何分の一でよい。[図4]

註

（40） 昔はこのような直情危険型の人間がどこの世界にもいて大して問題にもならなかった。逃げるからいいようなものの、立ち停ったら一体どうするのだろう。

（41） せきやすのすけ。慶應四年（一八六八）～昭和二十年（一九四五）。有職故実研究家。東京美術学校卒業。武具収集家としても有名。東京帝室博物館学芸委員。空襲のため七十八歳で死去。

（42） ごこうぐう。岡山県瀬戸内市牛窓町牛窓二七二〇。神功皇后着用の伝説のある鎧を蔵していた。

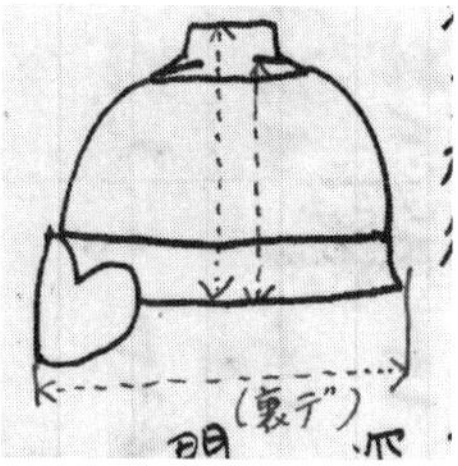

図2

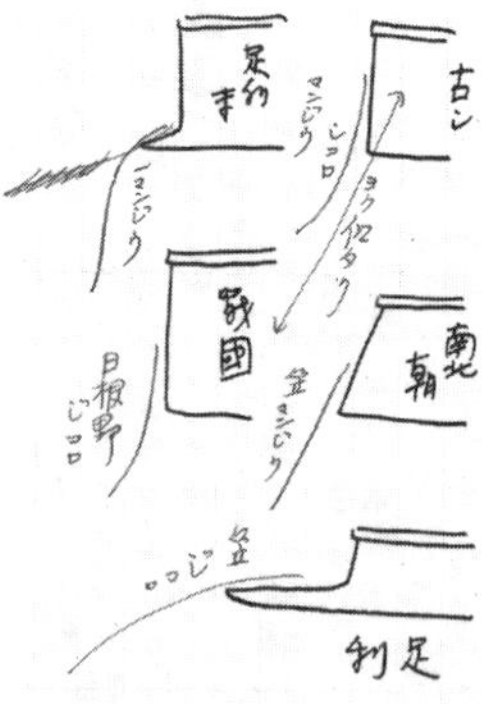

図3

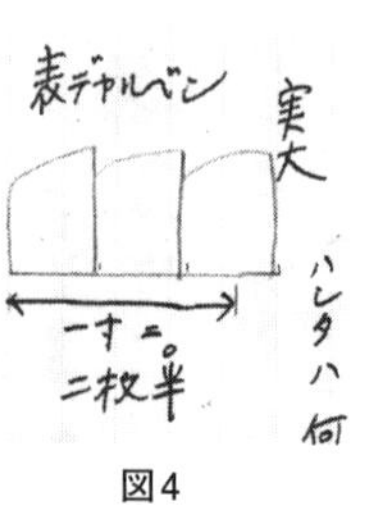

図4

大正十一年九月三日

○度々の御通信を謝す。三度貰って今迄出さなかったのは女中が居らず、使い歩きが多いため。ゆっくり研究的の筆を取れなかったため。今から大いに書かんとす。

○文様集成は二、三度見た。甲冑は少ないね。甲冑ばかりであの全篇位、いやもっと大きいものを作ろうではないか。

○オレの「甲冑研究的観察」は君の命名が下手だ(43)何かうまい名をつけ給え。

○河内の中先生関氏への照会状をくれたという。何よりも幸い。それをもって行き給え。我輩の事は余り云わず。只、博物館であってその後、鹿ヶ谷へ行った所、少し話し頭痛がするからといってねこんでしまい、只表を写して来たと。

又、中神主君は口が悪いが親切な男だから時々行ってやり給え。年に似合わぬ法螺を吹く所が気に入った。

○大三島紺糸と紫綾は年代が違う。よく気をつけて。大三島は面白そうだね。買った写真はどんなものか。

「寸法雑記帳」を都合で見せて呉れたまえ。藤原の甲冑も知りたいし、片山の星というものも知らん。

福山の筆気(記)も見たい。

○大三島で云うオレの悪口は癪にさわる(44)。乱暴というのは神主自身の事だ。古胴丸を棚にほうり投げて菱板の半分をぶっこわした野郎は誰だ。どうせ徹底的に事をやれば敵ができるに極まっている。宝物規則違反というのはどういうわけか聞いてみたい。尚、参考のためオレの悪口の出所と内容をもっとくわしく秘密に知らせて呉れ給え(45)。君には迷惑をかけぬから。宮司にあわなかったことは君として最大幸福だったね。その他の連中はあの宮司にへつらうために色々な事を云ったのであろう。
○宮島遠征はえらい。しかし馬鹿主典は癪にさわるね。
今度オレが行って見物してやろう。
○宮島発行のえはがきには武器類があるか、又、陳列場に外の甲冑が出ているか教えて呉れ給え。
○菅田天神の写真はどんなのか略図を頼む
○森口氏から和歌山の先生を紹介するという手紙が来ているが、当人は未だ来られぬ。どんな人だかね。
○腹巻二領のほか大鎧が手に入った。但し、誰かがこわしたもので安永の年号と明珍宗政の銘のある代物だ。
父と二人で仕立てるつもり。威は萌黄で肩白にする筈。これはもと五姓田がこしらえるつもりで買われたもの。鍬形は集古十種の鞍馬式長鍬形（藤島三郎作）又、小札の足らぬ所は石井義久が補っておいたので楽だ。今、塗らせにやってある。出来れば大いにやる考え。貫にする虎革も買った。唐櫃も手に入れた。又、一昨日珍しい鐙を手に入れた。

これでオレの甲冑は十領（鎧一（数が合わない））、胴丸二、腹巻二、腹当一、具足三）兜四十三頭、鐙七双、刀鍔五百一枚。計点数九八七点ある。君も何か新領土は出来ないか。一円の兜四頭はもらってもよい。時代屋の七円と一緒に送れば安いから。返事まつ。京から例の矢台がやっと来た。
○大三島の胴丸鎧[46]を研究する意気大いに愛すべし。まとまれば報告すべし。
○胴丸の袖付は従来近江来迎寺の十界に見るだけだったが我輩が一つ蒙古襲来に新発見した。一つさがして見給え。賞十五円やらぬから。惜しいことしたな。君は大三島の袋の中の古胴丸を見なかった。これには袖があるぞ。但しこれを見ればオレの様に悪口を云われるに極っているが。

袖付の証明は簡単だ。射戦から太刀打となり大鎧で不便だから、胴丸をつけ、これだけだと貧弱だから。見場（（見栄え））と実用のために袖をつけただけさ。わからなければ聞くべし。
○今君の第九信を受取る。学校が始まって忙しいようだが、心配する事はない。落ちついて勉強し、然る後、鎧に親み給え。
我輩がついているからあわてるな。
○野村さんの顔は面白い。僕らも紅雲、榮達、永雅氏、及関先生に会わない前の想像も君等と同様。然り未来の武者絵の大家山田君、一つ体をよくし、元気な顔にひげをはやし、熊の皮の上に座して後輩の客をおどかしてはいかん（（如何））。切に頼む。
質問に答ふ。（但し、この前から意味のわからんのはそのままにしておいたから何度でも聞き直しなさい。心配する必要はない。）
○鎌倉の代表鎧
a、　松崎天神
b、鎧・・・　春日鹿楓兜付
c、　御嶽紫下濃
d、胴丸・・・・大三島フスベ韋
○南北朝
a、ジーン蔵　足利尊氏鎧[47]
b、日御崎　白糸　同時代
c、上寺　五十年程若し
d、胴丸・・・・厳島義光、春日正成
○足利
a、鎧
春日大鍬形大三島妻取、藤森、[48]クラマ山[49]二領
b、胴丸　浄明山[50]、大三島、春日今一つ
c、腹巻　金剛寺、野村芝光
○春日の樺糸の兜は八方白と桧垣に注意を要す

○小堀さんの発見が即ち根古屋神社だ[51]（今あり。やけのこり也）
栃木県安蘇郡佐野町大字根古屋
○野村さんに宜しく。又、江馬さんによく御礼を。また、そら、例の写真の焼増を。
○この手紙中、余が聞いた事は残らず返事をね。又、一日おき位に手紙をくれ給え。（但し秘密の事は手紙で、それでなければ端書で）。関さんには早く行き給え。例の質問を真向にふりかざし、強き決心と注意と胆力とを率いて。

大正十一年九月三日　山上八郎

註

（43）山田紫光氏の当時の語彙の貧弱さを指摘している。センスにももちろん問題アリである。

（44）山上氏は大山祇神社に出入り禁止となっていた。

（45）大三島の誰が自分の悪口を言っているのか、実は気になって仕方がない。許せない。氏の探索癖が表れている。

（46）大山祇神社の赤糸威胴丸鎧のこと。源義経所用の伝があるが、時代はあきらかにそれより降る。ともかく日本甲冑沿革史上、極めて特異の形態をもつ研究名題に事欠かぬ逸品である。

（47）足利尊氏の白糸妻取威はかつてアメリカの生物学者パシュフォー・ディーンが京都の骨董商「時代屋」から購入し、大正4年ニューヨーク・メトロポリタン美術館の収蔵品となった。この手紙には「ジーン蔵」と記されているので、メトロポリタンに収まる以前のことで貴重である。

（48）藤森神社（ふじのもりじんじゃ）。京都市伏見区深草鳥居崎町六〇九。神功皇后によって建立され、武神が多く奉られている。紫糸威鎧（重要文化財）がある。

（49）白糸威妻取鎧（鞍馬大物仲間）のこと

（50）京都祇園祭浄明山町保存会所蔵「黒革肩白威胴丸」（重要文化財）。

（51）唐沢山神社（栃木県佐野市）の避来矢（ひらいし）の兜のことをさしている。藤原秀郷が龍王から授かったとされる。江戸前期の火事により焼け鉢となっている。

大正十一年九月四日

○謝御通信。甲冑武者頗る上出来。なかなか腕があがったネ。
○革鉢南北朝の証は何[52]によるやきき給え。
○三重の秀郷の鉢[53]について教えてくれ給え。
○又、左の質問を[54]
（一）小札が細くなりし理由（大荒目より）
（二）テヘンの孔が次第に小さくなりし理由
（三）ユルギ孔がぬり固め式に移りし理由
（四）袖の起源
（五）鎧の胴　裾開→裾狭　理由
（六）短甲・挂甲から大鎧胴丸に移りし次第
（七）菅田天神草摺のタメ
　集古十種をもってゆくべし
（八）厳島小桜威菱縫板（センダン）の孔
（九）シガミは何時頃より何時頃迄かいてよいか
（十）星兜より筋かぶとへ更にアコダ形に移りし理由
以上この次行くとき必ず忘れないようにきいて送ってくれ給え
○江馬さんへの催促好意謝す
○関さんの悪口上手。何時もながら噴き出す。（もうこの頃ではなれて腹もたたない）我輩一つまねをしてみよう
うまく云ったら喝采すべし。

「どうも原町の関という人は我利〱にかけては大変なものです。気に入らぬとて女房を追い出します。今の細君は意気投合したと見えて、仲のよいのは感心なものです。これまでは無事ですが。近年は××の製作をやっています。寝床の中あたりでね。所がチンチクを始め、娘さんにしろ。鎧を全部わけてくれてもいやなものばかりです。」

これはこの間の○○氏が客に話していた話です。客の名は存じませんハハハ。

（質問の答）

一、数は知らず。徳川時代のものを威し直せるなり。

二、十枚張一行七点　響孔には

三、未見。直接きくべし

四、五、ゴタゴタではわからない。一領というのは緋威で一領は赤威の小札が一つだけ兜は別物らしい。関さんにきけ。

六、足利なり。

七、（イ）わからん

（ロ）関さんに幾度もきけど、ごまかして云わず。

八、イ、南北朝なり

ロ、別物なり。この兜の年代は関さんにきいて教えて呉れ給え

九、表の誤りなり。徳川なり。

雪が降って寒いから、風邪をひかぬように勉強し給え。

失敬。

小村大雲氏[55]蔵珍品えはがき見たい見たい。

註

（52）南北朝の革鉢は、消耗品ゆえに残存品が少ない。山上氏は鑑定の要所を知りたがっている。山田氏は都合いい忍者の役である。

（53）鵜森神社（三重県四日市市）の十六間四方白星兜鉢（重要文化財）

（54）関氏への質問は山田氏が個人的にやる形で山上氏は参考にしたらしい。自分が訊ねるのは体裁悪く、また仲も余りよろしくなかった関係からである。山上氏も何もかも知っていたわけではない。しかし、知識は我一人の得たもので、人からうけうりのものではないという偉大な先駆的学徒である姿形を保ちたかった。

（55）明治十六（一八八三）年十一月九日〜昭和十三（一九三八）年二月二十日。島根県出身。本名は権三郎。都路華香、山元春挙に師事。日本画家。

大正十一年九月八日

○御手紙と共に気持のよい武者絵を有難う。
○吉信氏の手紙も拝読した。中々感心な人らしい。住所はどこかね。
○関征伐をとうとうやったね。君の報告で目に見るようだ。オヤジ中々隅におかれぬというが、君がまるめらめず。ドンドン進んで行く所はえらいえらい。あんな先生の手に乗ったら百年目だぞ。常にふんどしをしめて行き給え。
○関先生相変わらず吹くね。少し地位や人格を考えてもよさそうな年だがね。(56)
○小生のうわさなど心配しなくともよい。ちゃんと考えがあるから。しかし唯一の弟たる山田君、又、奮ってよい宣伝をしてくれ給え。
○関氏は人の批評をする時おきまり文句がある。狂人だとか、気が変だとか。そこに君が堂々「鎧狂人楼主」をひっさけて行った所は少し皮肉で面黒いわいわい。愉快愉快。
○小生ばかりでなく関さんもどこでもうわさはよくない。只、彼は先生。小生は書生なのでその云い方が違うだけだ。御礼に東京で学者連の唱えている彼のあだ名を御紹介しよう。

太鼓持。(幇間)×××。おっちょこちょい
原町のいたずら小僧。原町の興世王。××。
青びょうたん。水ぶくれ。我利々妄者。

註に曰く、興世王は将門をせんどうして謀反を起させた男。(57)
原町は関氏、東京時代の住所小石川区にあり。(58)
江馬さんに知らせてやり給え。喜ぶから。
○それから関家へ行く中、色々な事をきいて興奮してはいけないヨ。君は感情に激し易い男だから。

○大三島紺糸(59)が御嶽より古いというわけを。
○又、紺糸の鎧と鉢(60)とが別というのは澤潟威の間違ではないか
○緋威珍物の関氏の説
○都々古別の壺板(61)について　何のために作りしや　及び時代
○御嶽の裾金物は知っているがどんなあとか。
○弦走とめ鋲で上古の挂甲を引出されたが挂甲には弦走ありしか。又何によりて云うや。
○猪熊さんをほめる理由。これも慾徳からきているのだからいやになる。
○筒金入の刀の結びようとは何に
○石清水の鎧は関氏いつ頃のものと云いしや
○大鎧の外、胴丸・腹巻・腹当・兜・兜鉢の数と大体の伝来をきき給え
○片山の星兜は結構らしいね。君の手帳の来るのが待遠しい

○君は未だ年も若いから、目上の人には敬称をつかい給え(62)。例えば、吉信のなどと書かないで氏をつける事。但し、関氏のような不人格者は人間の中に入らないからどうでもいいね
○紅雲氏(63)は甲冑なし。今度小生と一緒に作ろうと云っておられた。大三島澤潟威式(64)の古式がやりたいと。又、先生、伏組など中々上手である。所蔵品は箙三、太刀二（?）黒塗唐櫃、矢廿四本位。（大鎧着初式に市岡氏の用ひんをゆずられしものなり）
○蒙古襲来の胴丸鎧は直ぐ見付けた。君は中々眼がよいから感心した。また古画の中から面白い事を見付けてくれ給え。
○吉信氏の写真はどんなものか、二人で（中川君が入れば三人）一緒に注文しよう。同じものが沢山だときっと廿銭位で出来るかも知れんよ。
○此の前聞いた君の兜はどうしたか返事がないが。若し君がよこせば時代屋のと共に受取るが。

○小生は君に返事をかく時、君の手紙をよみつつ書く。又、君に対して聞く事、答える事は一冊の手帖につけて落ちぬようにしている。[65] 君もそう云う具合にしてくれ給え。此の前出した手紙の中で教えてもらう事は半分程しか返事の中に書いていなかったから念のため云う。

又、根古屋の住所は佐野町は田沼町の誤

○太山寺にえはがきの問合せをして見給え。

○大坂八幡前の威毛は如何

○吉信氏の手紙をよこしたように小生の手紙を人に見せないでくれ給え。小生も君の絵は見せるが手紙は父母にも誰にも見せないよ。安心して。

○尚、次に御手紙を下さるときはこの前出した手紙を一応読んでそれにある事はもれなく返事頼む。

○小生のうわさや悪口は遠慮なく知らせてくれ給え。小生は怒らず、喜んできくだけの腹をもっているから。関氏などは悪口常習病の大患者だから何と云っても平気でい給え。[66] 未だ小生の事を云ったに違いない。教えてくれ給え。

○今日は半首の研究をして見た。中々困難だ。軍器考に出ている図の二つの中別式というものや。集古十種の平板のようなやつ。又半首は何から起ったか今度本をかついで行って関氏の説をきいてくれ給え。返事まつ。

○関氏へ行ったら小生と手紙をやりとりしている事は決して云わず。[67]「山上さんは今頃どうしたろうな―」位云って、又、悪口を吐かせてしまい給え。しっかりしっかり

大正十一年九月八日

鎧廼舎主人　山上八郎

洗馬廼舎主人殿

註

(56) 山上氏の評、必ずしも正しからず。とも角、氏は当時の

関氏の隆盛ぶりが気に入らなかったのである。人を許さない執念深さは粘着体質の特性で学問的成功には有益な性分である。

(57) 関保之助を指す。

(58) ここは山上氏、シャレのつもりで入れし一句

(59) 紺糸威鎧（河野通信奉納）。大山祇神社のなかで最も重要な一領。平安時代、大荒目の鎧というにふさわしい名品である。山上氏はこの鎧を大山祇神社蔵品甲冑中第一におくべき名甲とした。伊予の守護河野通信が三島水軍百五十艘の軍船をひきつれ、義経のもとに参軍し、壇の浦に勝利したのち、戦勝の御礼として同社に奉納したと伝える。随処に古雅にして豪壮の趣あふれる古甲の代表である。

(60) 以下は山上氏のわからなかったところ。山田氏を使って上手に聞き出す作戦である。

(61) 都都古別神社（つつこわけじんじゃ）。福島県東白川郡棚倉町大字八槻字大宮２２４。赤糸威鎧残闕（重要文化財）

(62) 山田氏には若さゆえの諸事ぞんざいなところがあった。

(63) 伊藤紅雲（いとうこううん）。明治十三年～昭和十四年。東京都出身。歴史画家としても活躍。

(64) 大山祇神社の国宝「沢瀉威鎧　兜・大袖付」のこと。法隆寺伝来沢瀉威鎧雛形とともに、最古の鎧とされる。

(65) 山上氏の周到な性格を表している。

(66) おのれに対する悪評、誰が何をどういっているのか知っておきたい。特に関氏に対してのものは無関心ではいられなかった。

(67) 山上氏は山田氏を情報収集の手先のようにつかっていたので、外に二人が付き合いがあることをもらさないように注意している。

大正十一年九月十二日消印

○山田君御手紙有難う。今日は君に吉報をもたらしますがその前に君を男と見て頼みたき事がある。君も男なら、引受けてくれ給え。(68)

○例の吉信氏の事だが、僕は少し考えがあって写真を頼む事を見合わせる。又、君が吉信氏に手紙を出す時小生の事について書かないように。又、向うから聞いてきても一寸会っただけだからわからないと云っておいて下さい。(69)

○これは数日前、或る上の方（つまらない人ではない）から御注意があったからです。小生は吉信氏とあった事はなく、人格も知らないから、一度会って然る

後、交際をして見たいと思うからです。その時機は何れ知らせますから。それ迄は決して小生の事について言わないでくれ給え。

○写真の件の廿銭は写真師（やきましをする人）をまけさせようという事で吉信氏にまけろというのではない。五銭引かせる事は数がふえれば手間がへるからなり。[70]これも秘密秘密。

○又、君に写させた小生の甲冑表、物品表等も決して見せずに。（これは人に見せる時一応云ってくれ給え。但し中川君は宜しい）

○菅田天神の報告を謝す。

○森口さんに会ったら厚く礼を頼む。家へ帰ってから家用で忙しく落ついて研究が出来ないため報告が後れますと。又、君が行くとき本朝軍器考をもって行って春日の鎧の所を読んであけてくれ給え。

尚、やけ兜[71]の寸法を頼む。

○江馬さんには厚く礼を頼む。つい無精で御礼を出しそこねたと。

○例の表が見えぬのでよくわからぬが鉢の描穴は響の穴ではなかろうか。

○春日胴丸三領の時代

正成は時代よし。今一つ黒韋は足利初期

やけのこりは足利末[72]

○高岡神社は往復はがきで聞いてくれ給え。

高知県高岡郡窪川村　大鎧の残欠

○九点の鎧は関さんが御得意

○春日の妻取はやけてどれだかわからぬ

鹿の甲[73]は逆澤瀉威なりき。

○質問の意は百科事典を見なければわからない筈。

急がなくてもよい

○関さんへ御礼は此の次に行くとき、ぼた餅を卅銭か五十銭買ってゆき、「御嬢さんや坊ちゃんにあげて下さい」と云って出せばよい。[74]

○紺糸の鎧の鉢と胴の別物の意、くわしく

○片山の星兜は小生見ず。見ないものを小生所望も出来ず。小生は十円でどうか買って下さいという具足（兜付）を、見たばかり。その後買ったものだろう

○紅雲氏の絵を見て腹が立つようでは駄目。君も熱心に奮闘すれば先生以上になれるのだから。

○文様集成は大にさがす。その他ほしい本があったら云ってくれ給え。東京は京都より広いから本も多いぞ。小生は故実の本やっと百冊ばかりもっている。これから大に集めるつもり。

○君は関氏の令嬢を見染めたようだね。今少し美人ならばなんて少し遠慮している所が怪しい怪しい。どうだい一つ大決心して関さんに

「先生の娘と同時に御所蔵の武器類を全部下さい」と出たら。

ついでに江馬さんにばいしゃく人を頼んだら一層よい。江馬さんは君の将来を非常に楽しんでおられるよ。

結婚式があれば、汽車賃九円奮抜して御馳走になりに行くよ。ついでに時代屋征伐も出来るから。

気の早い小生、うっかりこんな事を書いてしまった。

然し右の如き事の実現をまつ。

○大坂八幡筋の道具屋の威毛を忘れずに。

○事によると大学の秋休みに又上洛するかも知れない。京の道具屋を片っ端から征伐して歩くから、道具屋地図の製作頼む。

○時代屋の兜は少々いりようがあってほしくなった。夜でも暇のとき中川君と再征に行き給え。今度はほんとうに買うのだから。よくしらべ、もう一辺まけさせ給え。きっと六円にするからね。しかし、しなければ七円でもよい。又、店の奥の向って左にあった越中頬当（上端の一文字なるもの）君が見てこわれていなければ買いたい。

[図1] 三円より高くなければよいから二つできっと八円

図1

にするよ。又、送り方は時代屋にまかせた方が安全。郵便先払いがよい。鉢の中に頬当（新聞でよくよく包み）を入れ、これを蜜柑箱（これが一番よいそうだ）に入れ間にわらをぎっしりつめるように。こわれると何にもならないから。すべて君に一任す。時代屋のオヤジを叱咤するは此時なり。（頬当が高ければ兜だけで宜しい）到着をまつ

○先に云った吉報をかく余地がなくなった。これは頗る愉快。且つ結構な事で、事によったら君の一生の転期となるかも知れない位。

まあ楽しみにして次便をまち給え。しかし、山田君、これは一体どんな事と君は想像する。あてて見給え。三回迄は許す（今度手紙をよこす時、君の想像する点を三ヶ條書き給え）あたったら君に引手物として買っておいたえはがきを送るから。たとえあたらなくても吉報は教えてあげるよ。今すぐ云いたいが急に云うとあまりのうれしさに気が狂うといけないと東京の其の人へ云っている。

註

(68) 迫力のある山上流の強制

(69) 二人の関係が密接ではないことを他にばらさないように強調している。山田氏はつまり山上氏の甲冑情報蒐集の為の都合のいい密偵であったといえようか。

(70) 山上氏は計算に細かく、秘密好きで、細かい無駄遣いはしない人だった。古いものでも値切って値切って買っていた。

(71) 寛政三年（一七九一）、南都本談議屋（や）内に保管されていて、火災で焼失した古甲冑の残欠で、その内鎌倉から南北朝に亘る星兜鉢三点を指す。（十八間二方白星兜鉢、三十六間四方白星兜鉢）

(72) 春日大社には古い胴丸が三領あるが、一領は焼残品で時

代は室町末期。他の三領は完存品として伝えられ貴重である。その内最も古い黒韋威矢筈札の胴丸は楠正成奉納と伝えられ、伝来の真否は別として時代を首肯（しゅこう）させる逸品である。本胴丸の大きな特徴は胴札の殆どに伊予札を用いているところである。また背面に小型の逆板を取りつけ総角金鐶座を設けている点、古画にみられる総角鐶座の古様の実存品を示すものとして興味深い。山上氏のいう「正成は時代よし」というのはこの品のことである。今ひとつ黒韋威の胴丸は大変よく均衡のとれた室町前期の完備した胴丸で、やや小型ながら迫力に欠けるところがない。時代の見所として意外に強調されないのは、肩上の画韋に小縁をとらず、中央であわせて伏縫していることである。これは、南北朝から室町前期の一時期にみる特殊製法で余り例をみない。この二領の胴丸は日本の甲冑遺品の中でもその完存さの点において代表的なものといって差し支えない。

(73) 鉄二十八間四方白の星兜鉢で、飾金物に雌雄の鹿など華麗な意匠を用いているところから略して鹿の甲といっている。焼残品で元来は紫糸妻取威の大鎧であった。詳しくは次項「春日の妻取」参照。

(74) 関さんへ御礼は此の次に行くとき、ぼた餅を卅銭か五十銭買ってゆき、「御嬢さんや坊ちゃんにあげて下さい」と云って出せばよい。山上氏は細かい指示をする。ぼた餅代を山上氏が責任を持って払ったかは分からない。こういうところまで指示するところは研究に注ぐ情熱と同様である。

大正十一年九月二十八日

○しばらく御無沙汰した。時代屋の武器到着。破損なきは結構。厚く謝す。

○引出物にえはがきを少々送る。又、さがして送るよ。又、君に滞洛中頼まれた「中古甲冑製作弁」漸く見付けたから共に送る。代金二円也だ。但し、小使不足のときは例の兜を二頭送ってくれてもよい。どっちでも御随意に

○春日の妻取(75)はさがせばわかる。一つ懸賞にしよう。

○都々古別の件（ヒ威）

袖　小札高　二寸五分半。

巾　一寸二分→一寸三分

　厚さ五分

草摺　〃二寸四分

（赤糸威）袖なし

草摺　二寸四分　巾　一寸五分に　四枚

○御嶽は研究始めの年に行ったので、寸法を取らぬ。すべて未見の寸法は集古十種の原本が実物大だからこれによるがよい。

○頬当の起原、南北朝と思うが関氏にきくべし
今一つのは曲輪。これもきくべし

○質問の答、もれたものは此の次に再び知らせよ。吉報をかく所がなくなるからこの位にする。

○五姓田氏の写真なし
但し大坪正義画伯[76]が自分がきているえはがきを発行。
わけを云い送料一銭五厘を入れて手紙を出せばよい。
（余の名を云い、京であった事を書けば大丈夫）
住所　牛込区余丁目五四

○櫛引の写真は
浅草区猿若町　藤浪與兵衛
がもっているから焼増か複写して貰えばよい。
但しこれは小生の名を云って貰っては困る。只京の画家で関さんの所へも時々伺いに出ます位書いておき給え。

○市岡赤威は
今横浜の実業家原富太郎氏[77]へ

○君の所へ出した鞍廼舎先生は東京の武器研究家
第一中学の五年生、当年十八才
市外　渋谷町下渋谷一〇〇五　西村太郎
東京へ君が来ればいづれ世話になるだろうから手紙と絵を送ってやり給え。
今一つのは余のいとこの書いたもの
武者絵は余ではなく八才の当人の書いたものなり。
市外戸塚町源兵衛　卅一　山上善郎
何か絵をかいてやり給え（はがきに）
未知の人から手紙を受取るようになったのは名誉だから、しっかりやるさ。

吉報第一。

実は廿日許り前から谷洗馬氏[78]と相知った。

家は小生の所からそう遠くなく、或は宅の借家に越してこられるかも知れない。

中々馬具持で、四間程の小宅だが家中上から下まで隅から隅迄東西古今の馬具で一杯。

人物は極めて快活。酒が大好物。嬉しいとべらぼーに大きな声を出して喜ぶという好人物。

昨日も半日訪ねて遊んでしまい、夕飯を呼ばれて帰った。宅へは二度見えたが、君の絵を見せると曰く、
この絵はなっていない。特に馬ときたら問題にならん
と。山田君以て如何となす。ついで曰く。

しかし若いのにこれだけやるなら有望だから一つ奮発するとよいな――。

京都なんかの学校に居ては駄目だ。早く東京に出て来て画家になるがよい。

そこで我輩問いて曰く
一つ弟子にしてやってはどうです。

宜しいと。とにかく馬の絵を書いてどんどん送って来給え。見せるから。此間の絵では雑兵が一番よいと。それも大三島遠征の御蔭だろう。

この次は伊藤紅雲氏に君の絵を見せて、批評を乞ようと思う。

出来たらどんどん送り給え。
○奈良行きはどうなった。
例の吉信氏から写真を三枚送ってきた。

自蔵品で火縄銃や槍や刀剣で刀は二千円かけて新しく打たせたものだそうだ。

尚、写真器を買う金がないので所蔵品を売られるそうだ。惜しい事だ。

○関氏の上京は大分疑わしい。心当りをさぐったが来られないそうだった。
君も一杯食わされたかね。
○時代屋へ行ったら箱がこわれず品物がいたまず喜んでいると云ってほめておいてくれ給え。又この間のような頬当が二円位なら又一円の兜があったら報告を頼む。（楠にも行き給え）

註

(75) 前註「鹿の甲」のところでふれた兜を具した大鎧で本来は紫糸妻取威であった。健全であれば春日社で二番目に古い甲冑であるが本談議屋火災の犠牲遺品である。飾金物に前述の如く鹿や菊、楓等を精巧にあしらっていることから、和歌の意を意匠化したものとして俗に「歌絵金物大鎧」ともいうが、歌意をあらわしたものかどうかについては確証がない。威（おどし）色目は古記録に拠るが、焼け残った遺品からでもその壮麗さは十分に想像ができる。

(76)（一八七四～一九六七）。有識に基づいた歴史画を専らとした。古器物ことに甲冑関係の部品蒐集で知られた。

(77) はらとみたろう。慶応四（一八六八）年八月二十三日～昭和十四（一九三九）年八月十六日。号は三渓。もとは青木姓だったが、横浜の豪商、原善三郎の孫と結婚して原姓となる。絹貿易で富を築き、美術品の収集家、茶人として知られる。

(78) 明治十八（一八八五）年一月十五日～昭和三（一九二八）年八月一日。東京出身。本名は栄一。武者や馬の絵を得意とした挿絵画家。

大正十一年十一月十三日

拝啓、今日は暇だ。質問に答えよう。
○屯ヶ岡　紺糸胴丸二領（足利初期）
○金剛寺の白革威はもと熏韋威のものを修繕のとき白革に誤りしと思う。同物なり。
庫の内は残欠にして完全のものなし。黒韋威のみ但し紫・白・紅等の残欠もあれども統一し難し。
○櫛引二領とも足利。小星なり。
○諏訪神社には秀郷の兜あり
○高岡神社は関氏知らぬもの。余も但、大札の大鎧の残欠と聞きしのみ。
○五香官は岡山県邑久郡誌にあり。
是非見たい。神功皇后の鎧といえり。本を見よ。
○愚問なり。顔を洗うべし(79)。
○日招八幡、関氏知らず。黙っているべし(80)。
以上
○君の買った本は馬鹿に安い。
厳島は東京では十円、袖鏡は四円。余も手が出ない位だ。そんな安い本なら送ってくれ。ゼニはすぐ送る。
○藤浪氏はげびた(下卑た)人でいやだ。行くと、吉原がどうだこうだという事を耳にする。その母は××上りでいやな奴なので余は行かぬ。君からきくときには只関氏の門人だといえば送ってくれるだろう。但し、無類の欲張りだから、注意する。
○[図1]国宝全集は初耳。厚く謝す。
○小村大雲氏はえらい。現今天下に於て甲冑製作をやるものは東に山上八郎あり。西に小村大雲、山田榮太郎ありだ。余のは兜のみ峻成。偉観也だ。自蔵品のえはがき廿枚はほしいほしい。一つ小村氏にあったら余の事を話し(余り悪口をいわずに)一組もらって送ってくれ給え。

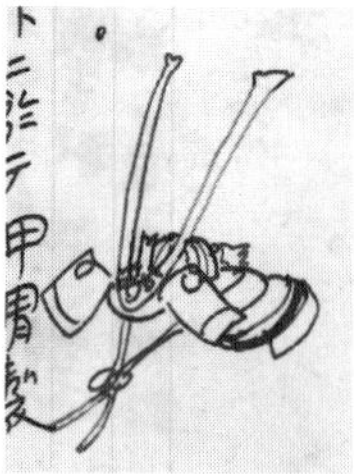

図1

○重盛を始め武者絵は急がなくともよい。
ゆっくり学校の勉強をし給え。
成績の方を喜ぶものなり。
○博物館目録は今の所買うかねもなし。あてにしていた債権の五千円も当らず。ピーックピーックくらしている。然し十年後の雄飛を見よやだ(81)。但し君の秘蔵の兜をよこせば、どうにかしてもよいが

（？）

○関さんは御土産の速射砲でころりだね。命中を祝す。又大に行け。

今度行ったら大に質問せよ。但し、めんどうかも知れないが一々「絵を書く時わからないと困りますから」という事を忘れるな。これを口ぐせのように云えば向うでは油断をして急所をすべらしてしまうから。しっかり頼む。フレーフレー。

○大三島のノートすんだら発送頼む。

尚、聞いて貰いたい事（次回に）

一、先生天孫降臨の絵をかいて見たいのですが甲冑は短甲ですか。兜は如何。挂甲ですか。又、金属か革かどっちですか。

二、短・挂甲の沿革から大鎧に移るにはどういう経路を経ましたか。又、如何なる事情により変りましたか。又、田村麿と将門とを書いて見たいのですが、前者は挂甲、後者は大鎧でかまいませんか。

三、挂甲には袖ありや、又。引合しゃ何処なりや

四、大三島に行くと源平頃の弦走の立挙射向の方には小縁伏組なく折返してあります。この式は古物に何かありますか（修繕せぬもので）又、この式は何時迄つづきましたか。

五、大鎧の胴が裾開きより裾狭り（腰細り）になった理由及年代

六、初期の大鎧を見て短・挂・綿甲冑の面影は何処に残っていますか

七、草摺長にきるとはどういう事ですか。別に短くきる事も出来ませんのに、又、キセ長という名はどうして起りましたか。

八、腹巻の古画所見は何がはじめですか。

九、腹当は集古十種松浦家蔵のほかに何か古物があ

りますか。又、十界図以外古画にありますか。

十、槍が出来たため、戦術上、甲冑上どういう影響をしましたか。

十一、何故に胸板は新しい程広くなり、又、小札は古い程荒く、新しい程小牧のですか

十二、袖の受緒・懸緒はどっちをいうのですか

十三、集古十種　石川八幡及び法貴寺の壺袖を見ますと化粧板に小札四つあります。これは何のためですか。

十四、袱立は何のためですか。ここに笠印を立てたけますか。及びその実物

又、水呑緒で手を巻くやつはどういう風にわ

十五、錆地の兜は何のためですか。又、何時頃よりで証は何によりますか

すか。

十六、星兜から筋兜に移った理由、及、その時代

十七、革鉢の起元

十八、何故に時代が降る程、鉢が大きくなりますか（古いのは頗る小さいのに）

十九、上古は何故テヘンの孔大なりや

二〇、国宝目録太山寺前立とあるは何なりや

二一、小手袋・小手の覆とは何処をいいますか

二二、伊予札の定義、形状・遠隔・種類を問う

二三、足ある鎧櫃より背の高い具足櫃に移った理由及、年代を正確に数えてください。絵を書くにこまりますから

二四、直垂の色目

魚綾（質か文か）青筋懸丁、蝶目結、片身易

二五、源平、南北朝の母衣の構造、及、母衣戦術の沿革

二六、馬上の由美は短きや

二七、鏃の沿革、及、時代鑑定法

二八、軍陣の鐙沿革論

註

(79) 当時紫光氏甲冑詳しからず。全部自分で悟れ、弟子だからといって手取り足取り教えてもらえるわけではない。

(80) 山上氏は余計な新知識は絶対に門下にも与えなかった。

(81) これより約6年後に山上氏は「日本甲冑の新研究」を出版している。この手紙の頃はおそらくそのための構成を練っていたのだろう。彼の研究を未だ誰も超えていない。

大正十二年三月十一日

○通信を謝す。

○小桜の胴丸の事、心当りなし。他分道具屋の策略ならん。兜は筋か星か。又、しころ・鍬形の具足、及、金具廻染韋・小べリについて報告せよ。

○関さんのウソは既に天下の定評あるもの。今発見したとは遅いぞ遅いぞ。胴丸鎧平治合戦にありと何処にありや。

○小村氏染韋は近頃の珍聞。大分知らない事があるようだ。若手の君たるもの大いに教育してやるさ。

○今年は大雲氏を一つ訪ねよう。前以て大いに宣伝しておいてくれ給え。(息吹・猪飼氏にも君の案内頼む)

○今年の春は多分上洛出来よう。大いに騒ごうではないか。御馳走の件今から頼む。

(質問の答)

一、徳川のものより外には多く見ず。大三島胴丸鎧の袖はユルギ札也。貴公見落とせしや。この問題は関さんにきいて呉れ[82]。第一挂甲は悉くユルギしや・又その証、大鎧となりて何故にかたまりしや。大いに聞くべし。

関さん[図1]のとぼけづら

図1

二、むずかしい
三、朽ってない
四、関さんにきいてくれ（絵をかくといって）
五、上野の博物館
六、足利時代
七、断言はできないが、同時代と思う。集古十種を博物館にもって行って藤森のと比べ感想を報告せよ。
（忘れずに）

岩清水の写生　鶴首して待つ。

[図2]小生の部屋の一部

次回は君の部屋のスケッチよこせ

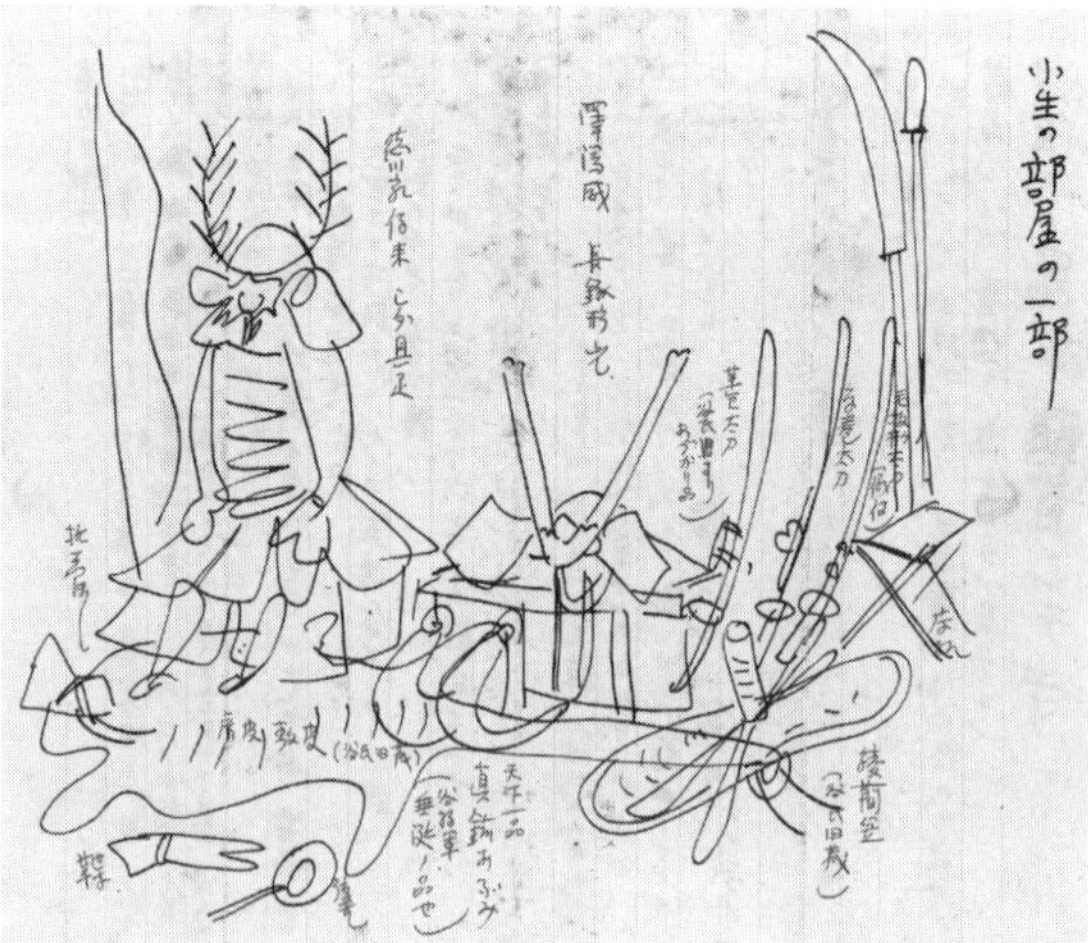

図2

註

(82) 山田氏はおそらく「揺ぎ札」について質問をしている。ゆるぎ札はここでいう「徳川」つまり江戸時代以前のものにはあまり見ないということである。但平安を含めたそれ以前及び鎌倉には存在した。江戸期のものは概して幕末製である。兜のシコロには時々ある。ゆるぎ札は雅びであるが、防禦には弱い。「大三島胴丸鎧」とは大山祇神社にある源義経が奉納した国宝「赤糸威鎧」のこと。山上氏はまだ当時早稲田大学の学生で、甲冑についても勉強の途中であったので、まだ分からないことがたくさんあった。答えられないことに関しては関氏に聞いてほしいと言っている。「山上八郎」の甲冑知識の源泉の多くは実は関氏に出るところが多い。これは知られていない。山上氏自身が秘していた重要な事実である。

大正十二年十月

拝啓、遅くなってすまない。実は家に少々用があって遠方に出かけた為紅雲氏の所には一昨日参った。留主の事とて書生君によく頼んで帰った。（君の画は以前に見せた）只今返事が来たので一緒に送る。手紙の通りの御断りだがひがんだり、怒ったりするな。これは事実だから。紅雲氏は世才にうとく経済上余り楽ではないらしい。やたらに画をかいて金をも取らず又、出る方も多いらしい。（人の談によれば待合方面へよく行かれるという）家も狭く五間位でそれに弟子が二人、奥さんに令息が二人、それに下女、尚、奥さんの御内らしい方も二、三見受る。かかる具合だから書生御断りの儀は尤もな事である。心配するな。

それに書生そのものは余も感心しない。一寸よいようであるが中々弊害も多いようだ。第一余り傍らに居るため先生の悪い所ばかり見えて遠くから思っていたよりも貧弱と考えられて落胆したり。弟子通《ママ》しで、ねたみ合ったり中々よくないとは或人の話。

紅雲氏も村田先生の所に通われたとの事。

尚、伊東家の弟子君もこぼしていた。家が狭いため、自分の画はかけず。それに子供の守ばかりさせられて一日を送ってしまう。子供をかまわなければ先生のお機嫌は悪いと。尚、余談だが紅雲氏は弟子運が悪い方だ。これは紅雲氏の談だが最初の弟子は体を悪くして画家になれず（誰かも気をつけろよぞ）其次の先生も武者は嫌いで他の方面に走ったとか。今いる二人も余はあまり感心しない人物だ。

余は君に再びいうが決して落胆するな。

これで悲観するようでは山田桊太郎のチ〇ポコが泣くぞよ。

これを転期に大いに勉強すべし。

尚、又先生は小山氏につくもよし。谷氏につくもよし。山川氏にわくもよし。或るは五姓田、小堀の老人につくもよし。

余は小山桊達氏が君の師匠になるような気がしてならん。何となれば桊の字に切っても切れぬ縁があるからだし、君の報告によれば唯一の鎧党だから。

過くる夏君は小山氏を侮っていたが、あんな事では駄目だ。君の性格は小山氏と大同小異で、只、小山氏が君よりも少し偉い。この点をよく考えよ。

小山氏を侮る事は即ち君自身を下げる事だから。

大分余談をかいてしまった。読んだらすぐ返事をよこせ。

尚、関さんをどんどん征伐すべし。ボタ餅三十銭を提げて、下女不足と経済と不景気襲来のため上洛は来春に延期。昨日は道具屋の案内で鎧を買いに行き、偶然それが或る画家で、しかも先方が余の事を知っていて面白い珍説が出来た。何れゆっくり。以上

あとがき

色々なことを色々に書いてみた。まだまだ甲冑の世界はわからないことだらけで、その点、同じ武具の世界である刀剣の実証的研究には遥かに遅れている。たとえば刀剣の銘字と兜のそれとは同日に論じることはできない。刀剣、特に新刀の著名工における切銘は厳然とした約束に守られているが、函工の銘は左程に厳密ではない。銘振りをデータ集積したところで、刀剣のように簡単にはゆかぬ。第一、信家など存在したことは事実としても、そこから先は曖昧模糊《あいまいもこ》、初代一人が真物なのか、二代三代がいたのか。おそらくそれらの模倣者もいたであろう。全て夢の如き霧の彼方に没している。要するにわからない。今日、現在のところで、「俺は全てわかっているのだ」と明言するような者がいたら、それはその人自身がその世界におけるニセモノだ。まだまだ道は遠い。研究はこれからだろう。その上にモノの真贋の問題がある。この世界はそういった意味で面白く未来性がある。

「甲冑とそれにまつわる裏話を書けませんか。思い切ったところを——」と話をもちかけられ、暇をみつけてのヨチヨチ執筆で、いつの間にか五年の歳月がすぎてしまった。ふりかえれば半世紀以上、甲冑武具に触れて生かされてきた。感謝の他ない。拙い一書ながら、ヨロイカブトの世界にもこういうことがあるのか——と進歩的な疑問と新しい視点をもって興味を抱く人が生まれれば、筆者としてはこれにすぎる喜びはない。
終わりに、編集の勝部智氏、アシスタントを務めてくれた北村龍君、その他関係の方々に厚く御礼申し上げる。

著　者

〔著者紹介〕

井伊達夫（旧姓中村）

昭和17年（1942）、滋賀県彦根市上新屋敷に生まれる。若年より、井伊家の武具や文書史料の研究に従事。彦根藩史及び井伊家の軍制と武装を専門に考究する。また、日本の歴史と甲冑刀剣、あるいはそれにまつわる史話伝承を採集、考証する。彦根藩史の生き字引的存在で当世具足鑑定の第一人者。実戦刀術、古流兵法研究家。KBS 近畿放送滋賀局にて15年間「歴史裏話あれこれ」を執筆、放送する。「彦根藩甲冑史料研究所」「日本甲冑研究交歓会」「甲刀倶楽部」等、数々の甲冑武具関係団体を主宰。また、甲冑武具専門審査団体「日本甲冑史学研究会」創設に参画。会長兼主任鑑定員となる。平成17年（2005）、井伊家の名跡を相承、旧与板藩主井伊家十八代となる。これを機に、「京都井伊美術館」を開設、館長を務める。現在、伝来の新史料を基に「井伊直弼実記」を執筆中。

〔主 著〕

『彦根藩朱具足と井伊家の軍制』（昭和45年）
『彦根史譚』（昭和48年）
『彦根藩公用方秘録』（昭和50年）
『彦根藩軍制秘録』（昭和51年）
『井伊軍志―井伊直政と赤甲軍団―』（平成元年）
『井伊家歴代甲冑と創業軍史』（平成9年）
『剣と鎧と歴史と』（平成11年）
『史 眼　津本 陽×井伊達夫―縦横無尽対談集―』（平成20年）
『赤備え―武田と井伊と真田と―〔普及版〕』（平成23年）

戦国甲冑うらばなし

2016年1月11日 第1刷発行

著　者　井伊達夫

発行所　甲冑同考会
〒605-0951
京都市東山区東瓦町681-26

発売元　株式会社宮帯出版社
〒602-8488
京都市上京区寺之内通下ル真倉町739-1
営業(075)441-7747　編集(075)441-7722
http://www.miyaobi.com/publishing/
振替口座 00960-7-279886

印刷所　モリモト印刷株式会社

ISBN978-4-8016-0030-0 C0021

甲冑同考会 オススメの本

黒澤明が愛した最後の職人
甲冑師・明珍宗恭と語る

石田謙司 著　小学館スクウェア 発行　**定価 1,900円＋税**

ISBN 978-4-7979-8072-1 C0072

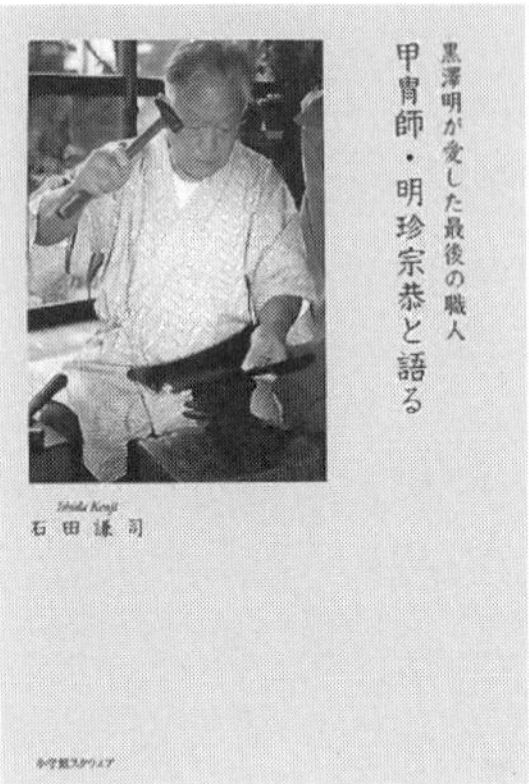

甲冑師が語った衝撃の暴露本！

黒澤映画「七人の侍」で、三船敏郎が身に着けている武具を作った名人・明珍宗恭。その「人」と「仕事」の全てを語る。甲冑ファンだけでなく、映画ファンにもぜひ読んでほしい一冊。奇人・山上八郎、甲冑コレクションで有名な宝仙寺と西光寺の確執、織田信長の胴丸、森蘭丸の兜の立物など、エピソード満載。

赤備え――武田と井伊と真田と――〔普及版〕

井伊達夫 著　宮帯出版社 発行　**定価 1,900円＋税**

ISBN 978-4-86366-092-2　C3021

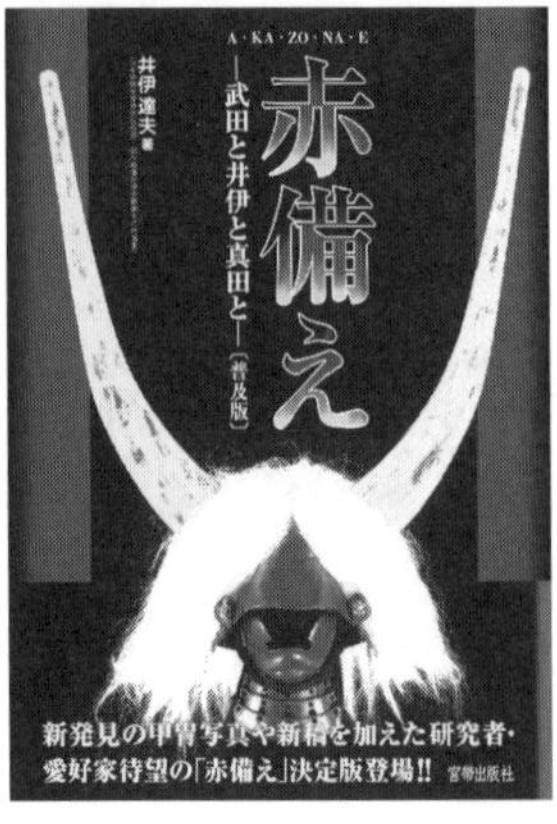

研究者・愛好家待望の一冊！

赤備え研究の第一人者井伊達夫が、大作の自著『井伊軍志―井伊直政と赤甲軍団』『井伊家歴代甲冑と創業軍史』の重要部分を引載。さらに、いまや入手困難となった赤備え関係の旧書を再録し、大幅に加筆改訂。また新発見・未発表の赤備えの具足を満載。